神父住海邊

裴德與AMIS的故事

王威智 著

裴德神父(1930-2005)往返亞歐示意圖

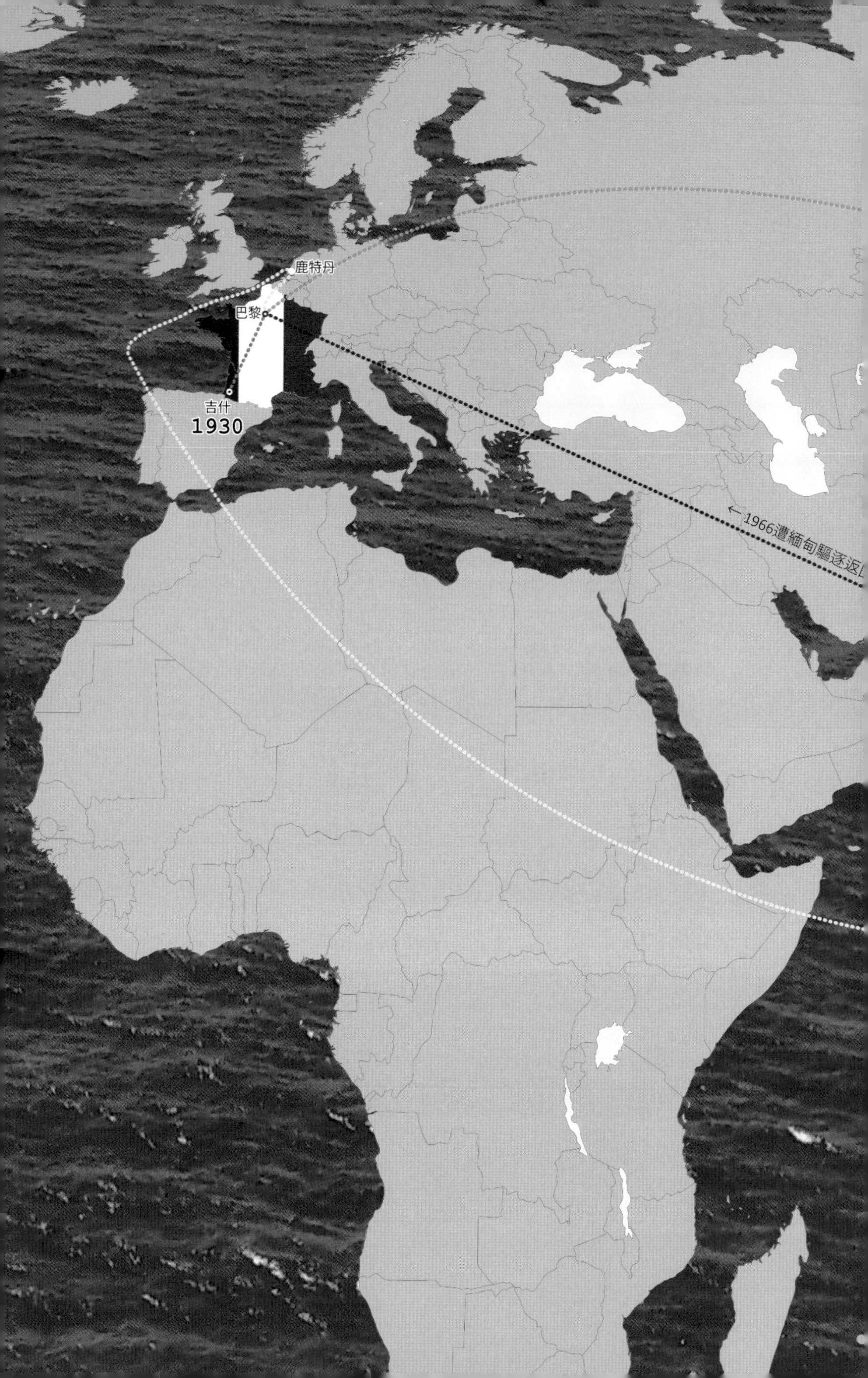
鹿特丹
巴黎
吉什
1930
←1966遭緬甸驅逐返回

裴德神父在豐濱（1972-2005）

豐濱天主堂是裴德神父的傳教據點，每逢Ilisin，他一定跟 AMIS 在貓公溪旁的跳舞場一起跳舞。（攝影 / 邱上林）

河濱公園跳舞場
豐濱天主堂

推薦序

豐濱限定——「神」話建構的記憶宮殿

鍾文音（作家）

裴德神父與AMIS，兩個異詞，一座豐濱靠海小鎮，組成王威智筆下的田調路徑，字詞和內容有著絕妙的對應，王威智以人物和地景貫穿整部書寫，一路尋尋覓覓的終極價值是為了什麼？以文字安頓了誰？

王威智的寫作一直充滿了島嶼豐沛的在地性，花蓮是他的宇宙，山海是他的繆思，遭逢的人物是他的懸念。

在台灣像王威智這樣的寫作者我覺得是一個美麗的異數，他讓我想起美國許多得到普立茲文學獎的作者，一種介於文學學院和市場機制的作品，不高調也不低位，在中間外野處守得穩當，安安靜靜地寫作，如山脈如海洋，穩定而又多變（題材），不溫不熱卻又隱隱深情，更重要的是王威智具有田調精神，將筆刀滑向現實，生活深邃而思考熟慮，有耐性地追尋筆下的歷史與人物、探勘地景與走踏山海，使其情思深度與眼界高度散發著丰采，彷彿吹來山神海神的召喚，襲來一座島嶼史誌的幽魅書卷味。

這和整個台灣主流文學書寫是逆向的，但卻也是我以為台灣最需要的中間（中堅）寫作者，深耕之後吐出來的果實，特別扎實，絕不賣弄文藝腔也不廉售想像力，因為所有的文字想像力都來自現實（口述／史料／田調）與作者一步一腳印的踩踏餽贈。

不論其《越嶺紀》、《製圖師的預言》、《凡人的山嶺》、《臺灣老虎郵》等著作，都讓我深刻感受到王威智對於地理與歷史的酷愛，離開史料堆滿的紙頁，接著就看到他一腳踽踽孤獨攀上島嶼高山，不久又從高山降落，穿梭部落與小鎮，他活成一座移動的島嶼，寫成一部部召喚山靈海神與小小史詩般的作品，其寫作路數並不討好。

尤其這本《神父住海邊——裴德與ＡＭＩＳ的故事》新作更往邊緣行去，關注的是一個在豐濱住了三十幾年的裴德神父的島嶼故事與史料爬梳，說來這非常不好寫，寫不好就是一個口述歷史的平庸再述。但王威智寫得穩穩當當，甚至非常小心翼翼。

起初，其作品讓我感受一種帶著史景遷式的史觀視野，與人類學家李維史陀以行腳深入邊陲的洞察力道。帶著一種非常理解融入人物內外世界的那種盎然情懷，敘述時光地理與事件脈絡清晰，將一個異鄉人的島嶼生活與宗教之愛重新取徑，不疾不徐，淡淡開展，有如人類學與地誌學的宗教史的雜揉，是看似平淡，但內裡卻埋伏著各種高潮起伏的可貴之書。

一如以往，為了佐證書寫的真實，內容置放歷史圖片之必要展演與史料之必要加註，圖片蒐集與多重史觀材料收納都可看出作者的用心，但說來這也是一步險棋，因為真實往往侷限了想像力，然而這或許就是王威智避免小說化的書寫風格，一直以來他是這樣實踐與貫穿其作品的，日久也就形成了其作品的主要風格：讓戲劇性的故事不那麼戲劇化，在無趣的史料裡找出趣味橫生的故事。

這本新作特別讓我想到史景遷的名著《胡若望的疑問》，當然二者寫作人物的取樣恰好相反（一個是小人物被迫丟包去了巴黎，一個是傳教士自願深耕島嶼偏鄉），二者書寫方向也不相同：史景遷對歷史人物做了一個華麗的想像，以小說般推演史式對歷史東西方衝擊的大叩問，而王威智卻避免小說化，其動員的想像力是扣緊現實與再現史料缺口，如小說式的敘事不是王威智的語境。

既是如此不同，為何我說讓我想到史景遷呢？

我感受的相同是一種中性腔（筆）調，拿捏適當的觀照距離，與同樣來自史料的再造。

當然，王威智以這樣莊嚴的神父人物為其書寫的本身就是個難題，因為人物寫起來會少了人性可能有的黑暗面，不小心會變成被史料綁架的碎片織就。

為了避開這樣的困境，王威智找了一個熟悉裴德神父故事與生活的阿美朋友Lo'oh（晚年的關門徒弟）作為敘事的副聲道，這一在地人物的注入，使得裴德神父不至於被單一聲音淹沒而失之立體。

裴德神父是部落通族語通，但有了Lo'oh這個阿美朋友，讓作者可以加之善用的記憶指南針，可說是裴德神父在豐濱記憶宮殿的建築師。於是故事不會帶有那種遙遠的傳說感，反而是召喚過去的時代來到讀者眼前，如紀錄片，如長鏡頭，如聽風的歌。

一如作者過去的幾部作品，新作仍充滿中性敘述的混血氣質，帶引我們進入邊緣的邊緣，部落的部落，山巔的山巔，海岸的海岸。進入一個我們不認識卻又彷彿認識已久的島嶼高貴靈魂：裴德神父與ＡＭＩＳ。

裴德神父在島嶼三十年的懸念終於長眠，自此停格定錨。他對海民的愛，對傳教一生的執著實踐，以勇氣膽識來作為其對生命天主的總體禮讚，通過對非我族類的愛，將俗世的一切全兜攏在傳道的挫敗與收割上，同化自我以接軌異族異語，消抿邊界、見證一個西洋異鄉人在島嶼靠海部落的教義荒原深耕，步步跨越的族群圍籬，以熱情迎向AMIS那一雙雙發亮的眼，裴德神父追AMIS的風，最後寫下一篇篇的筆記，「一篇筆記就是一個故事」。

時光流逝，長眠於此的神父安靈嗎？

王威智再次以文字召喚（或作者所說的「安頓」*）了他／他們，也安頓了異鄉成故鄉的無數靈魂，安撫島嶼邊緣人。

為天主而來的神父，最後被王威智寫成了平易近人雜揉史料豐饒的新神話。

如作者所寫的裴德神父在地日久漸漸長成了一個有著西洋臉孔的AMIS，其語言之流暢與記憶之超凡，使也AMIS漸漸被其感召。於是書末的「**我參與了一切**」的我，是我們，也是他們。

豐濱限定，卻微縮了島嶼西方傳教士踽踽獨行且長眠於此的身影。

在地即他方，他方也是在地。福音搭起了橋梁，文字是橋梁的材料。

在黑暗裡，在光亮裡，我看見了裴德神父從豐濱的豐富部落張眼，如太平洋第一道海平面的光，飛翔的光射向島嶼。

期待王威智的下一站，是什麼題材在等待他的前方？

也許在史料堆，也許在神話荒原，也許在某個小鎮或部落，也許在他的記憶迷宮深處……但我想作者熱愛的島嶼山海總是恆在其中，繼續一字一字鑿刻山海生活的愛與歷程，繼續召喚識與不識的前靈。

祝福。

＊本書原題《以文字安頓——裴德神父與AMIS（阿美／朋友）的神話》

目次

暴雨將至

海岸山脈北端。(攝影／邱上林)

龍王颱風是民國九十四年在北太平洋西部形成的第十九個颱風，為當年第四個侵臺的颱風，也是該年繼海棠及泰利颱風後中心登陸臺灣的強烈颱風。[1]

裴德神父定居豐濱三十幾年，能講一口流利的AMIS語，就是不習慣這種來自中西太平洋的熱帶風暴。颱風的威力令他畏懼，最糟糕的是狂風暴雨經常帶來難以想像的災難。

警報一發布，裴德就焦慮。

神父不喜歡颱風，對颱風無能為力。

颱風地震跟陽光空氣都是花蓮特產，裴德神父不愛前兩樣。有一天，他緊張兮兮奔下樓，邊跑邊叫，「地震——地震——」，一見到長年打理教堂內外的Nakaw（漢名葉秋香），又高呼「地震——」。Nakaw回頭輕淡淡回了一聲「幹嘛——」，繼續工作。

說起颱風，Nakaw不禁脫口一笑，說裴德神父「很怕颱風」。

一九八九年，裴德神父返回法國度假，一回到豐濱，巧遇強烈颱風莎拉（SARAH）過境。莎拉從秀姑巒溪口附近登陸，暴風圈籠罩豐濱，掀翻奇美部落最後一間茅草家屋，狂風捲起巨浪，一夜之間南濱海岸短少二十公尺，花蓮港一艘貨輪斷纜擱淺，一艘斷纜漂流，中山高速公路中南部路段坍塌封閉，引發通車以來最大災害。

當時神父的寓所沒有風雨窗也沒有防颱板，窗玻璃禁不起風擊，紛紛破裂，風雨吹灌，房室一片狼藉，簡直比被山豬粗暴挖食根莖後的土地還慘烈。受了教訓，裴德神父為每一扇寬大的窗戶安上鐵捲門，從此只要颱風警報一發布，就拉下笨重又缺乏美感的鐵門，老實躲在屋裡，颱風一走遠，才推門開窗。

二〇〇五年是罕見的颱風之年。「龍王」降臨前一個月，強颱「泰利」於花蓮宜蘭間登陸，再早十幾天強颱「海棠」在宜蘭東澳過境，風雨擊掠東海岸。

除了正在認識世界的孩童，沒有人喜歡颱風，暴風雨意味著無情的破壞和辛苦的重建，就像令薛西佛斯徒勞地推動石頭的冥王黑帝斯。此地人們早已習慣夏秋風災，幾乎每年都面臨暴風雨的吹颳擊打，接受輪迴般的死傷與恢復，大家總有辦法返回軌道，生活如常。

不過，對裴德神父而言，龍王是一次無可克服的試煉。他不知道二〇〇五年十月第一場主日彌撒前一夜的暴風雨，將是此生最後一場暴風雨。

二〇〇五年，裴德神父久違地返回法國探視故鄉的人事物，九月初回到豐濱。泰利剛剛離開，它的高層中心掠過花蓮市南方高空，低層環流中心則在花蓮近海滯留、打轉、減弱、消失，隨即由臺中西方近海形成的副低壓中心取代，繼續馳向西北西。

裴德神父幸運地與泰利錯身而過，但那是一個罕見的不平靜的九月，颱風大約以間隔十天的頻率接近臺灣。龍王之前，卡努和丹瑞又先後生成，一南一北於臺灣外海呼嘯而去，未直擊臺灣，但都引發警報。如同以往，透過收音機或其他媒介迅速而廣泛傳布的颱風警報，宛如一支看不見但動作準確的手指，啪地再三觸動裴德神父焦慮的開關。

裴德神父與他的傳道師們，於豐富天主堂，二〇〇五年四月二日。前排左為 Lo'oh（漢名吳明和），後排自左至右分別為 AMIS、撒奇萊雅族、噶瑪蘭族傳道師。（圖片提供／ Lo'oh）

九月二十三日，氣象局解除丹瑞颱風海上警報，隔天周末，裴德神父預計過兩天前往羅東聖母醫院就診，不是求診名醫或其他這一類的考量，而是習慣天主教醫院。裴德神父晚年病痛在身，但一直堅持全鄉跑透透，安排時間輪流前往每一個堂口主持彌撒，與教友度過一個又一個主日，禱告、讀經、唱歌、祝福，最後在教堂門口向返家的教友欠身道別。這是裴德神父多年來的習慣，以此表達親愛，以及謙遜。每個教友都曾與裴德神父擦身而過，沒有人想到這一次是最後一次與他擦身而過。

在魚貫走出教堂的人影間，裴德神父回身抬頭，瞥見教堂前方的廣場，那一片混凝土地坪不久前覆蓋了他鍾愛的草地和花草樹木，在晴朗的天光下映出新冷亮閃的灰色光芒。看了兩、三個禮拜，還是刺眼，他討厭水泥。教友的舉動魯莽但還稱不上背叛，嚴格講起來像奇襲，趁他不在臺灣的時候花錢花力氣做了一件糟糕的工作。裴德神父想念綠草，多麼希望眼前的慘狀只是一場硬梆梆的惡夢。

……九月二十六日00 UTC在關島北方海面形成，先以西北方向前進，強度逐漸增強，二十七日00 UTC增強為中度颱風。當其移動至東經一四〇度附近，開始朝西北西行進，之後再以偏西方向移動，強度則持續增強，於二十九日12 UTC增強為強烈颱風，繼續以偏西方向行進，逐漸向臺灣東方海面接近。[2]

九月二十六日，週一。一早，裴德神父發動摩托車，輾過水泥廣場，出發上路。如同往常，花上兩個小時騎摩托車到花蓮火車站，停車，踏上火車前去羅東。他跟助手 Lo'oh（漢名吳明和，豐濱堂區傳道師）說禮拜四看診結束就回去。禮拜四，Lo'oh 接到電話，裴德神父說醫生要再多做幾項檢查，說不定下個禮拜才回得去，交代 Lo'oh 好好打理教會。

大約在神父打電話告知行程生變時，龍王正一路西來，飽吸能量，已經長成強烈颱風了。對於龍王的行蹤，裴德神父一定十分關心，電視新聞不斷追蹤又重覆播報。這種時候待在醫院裡最不需要擔心的就是即將來襲的風雨，這麼一想反而更不安：為了應付颱風特地安裝的鐵捲門有沒有好好拉下來？房間裡的書本資料會不會又被風雨掀翻打濕？颱風中心直撲豐濱，大家能不能平安挺過？

……中央氣象局研判此颱風未來將對臺灣東北部海面、臺灣東南部海面及巴士海峽構成威脅，遂於三十日二十時三十分對上述海面發布龍王颱風之第1報海上颱風警報。……颱風持續偏西移動且速度加快，預期對臺灣中部以北及東半部地區將構成嚴重威脅，於是在十月一日五時三十分發布海上陸上颱風警報。……八時三十分將陸上警戒區域擴展至臺灣各地區（包含綠島、蘭嶼）。……十一時三十分警戒區域增加澎湖。[3]

天象變化顯而易見。一開始高空異常晴朗，往東看去，海平面一望無際，好像可以看見夏威夷，隨著暴風圈進逼，烏陰的雲團遮蔽藍天，海面的起伏逐漸劇烈，浪濤遠從外海襲捲而來，貓公溪口平常悠靜如貓，這時靠近就是玩命了。

暴雨將至，訊號明確。

陽光消隱，風勢愈來愈明顯，尚未下雨。村子裡部落裡人人這才認真動手防颱。儘管一大早發布陸上警報，基於長年累積的生活經驗，此間通常以從容的謹慎迎接颱風。面對大自然的狂暴，還有更好的對策嗎？

裴德神父可不這麼想。豐濱住了三十幾年，AMIS語比早前他在緬甸學到的欽族（Chin）勞圖（Lautu）語更難，但他講得非常流利，他接受並融入此地的文化，期待參與Ilisin（豐年祭），甚至是Fakog[4]（貓公，今豐濱鄉豐濱村）sral（年齡階級）的一員。他熟悉AMIS的人事物乃至族群的境遇與發展，簡直比當地的耆老還耆老。

只有颱風，他從來不習慣。如同熱帶性低氣壓在合適的大氣環境裡一邊前

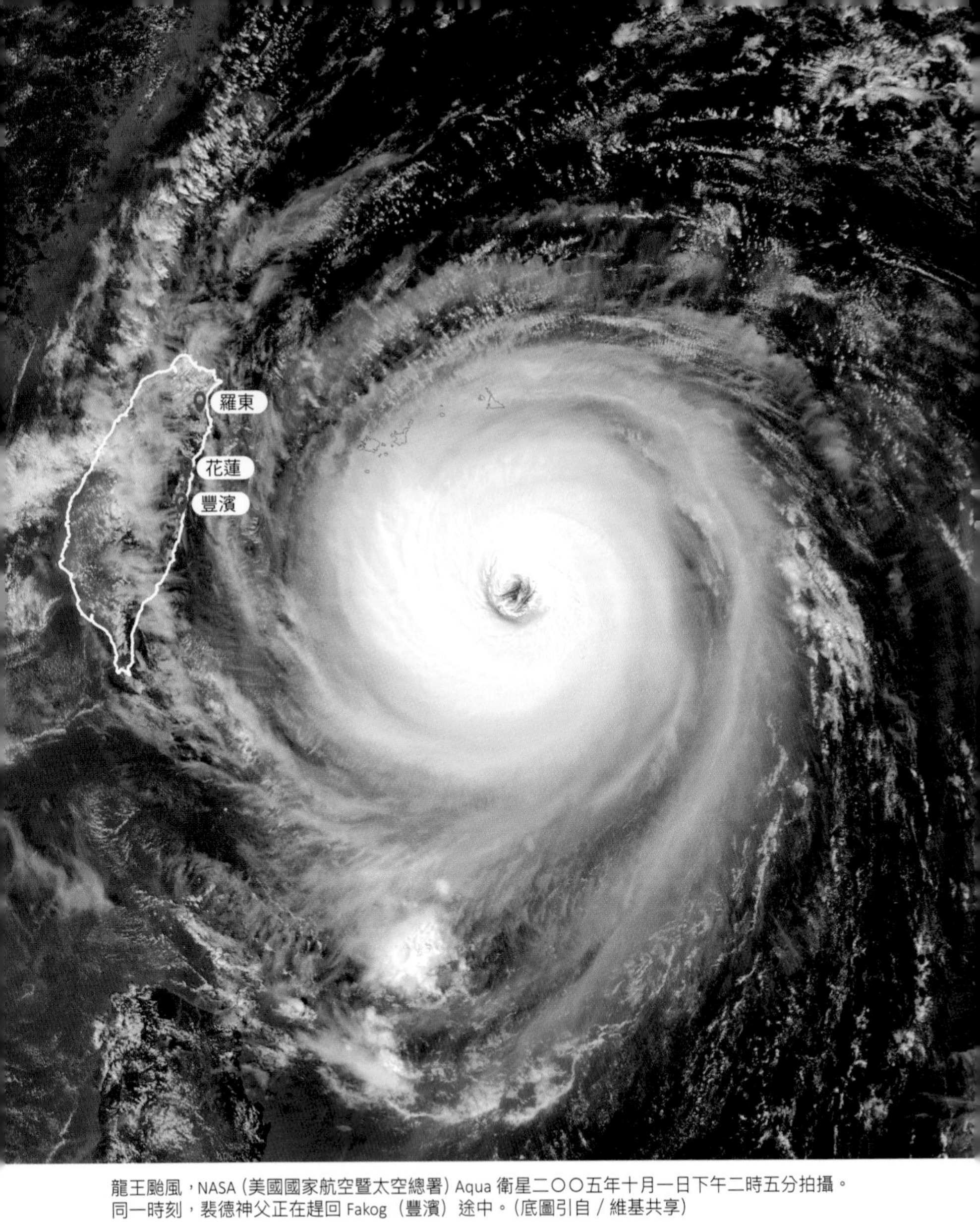

龍王颱風，NASA（美國國家航空暨太空總署）Aqua 衛星二〇〇五年十月一日下午二時五分拍攝。
同一時刻，裴德神父正在趕回 Fakog（豐濱）途中。（底圖引自／維基共享）

進一邊壯大，「不習慣颱風」這個習慣或許受到不安持續催化，以至於強烈到逼使裴德神父決定返回豐濱。

裴德神父向醫師告假，匆匆收拾——反正颱風過了還要回來——急忙前往幾百公尺外的羅東車站，打票，下月台，上車。

下午兩點三十分，中央氣象局四度發布陸上颱風警報，那時他正奔馳於海岸公路。

過了花蓮大橋，裴德神父遠遠望見騷動的花蓮溪口，海湧受到氣旋鼓動，長浪一波一波沖進河道。

每個月第一個週二他必須前往花蓮市巴黎外方傳教會參加例行會議，來回超過一百公里，通常騎摩托車，自從海岸公路開通以來，除了職業司機，三十幾年間往返此路北段最頻繁的可能非裴德神父莫屬。

他常常聞到大海的氣息逆著花蓮溪河道飄向縱谷，尤其是入秋後偶爾東風盛行時，空氣中夾帶淡淡鹹腥，吸來特別醒鼻，至於花蓮溪口的動靜，由於專心騎車，倒是沒有多加注意。灰濁的浪頭在入海口翻攪，裴德神父想到眼前壯觀的景象可能是聽過但從沒留意的「洄瀾」。過橋後，臺十一線沿著海岸山脈西側北行一小段爬坡道，隨即穿越海岸山脈北段第一道淺鞍，並且在此突然掉頭似地迴過一個髮夾彎，再來一路貼著臺灣島東緣，貼著海岸山脈東側濱海南去。

裴德神父留在臺灣的歲月幾乎和海岸公路全線通車以來一樣久。他在豐濱堂區奔波來去——騎摩托車，從石子路騎到柏油路——公路切穿每一個村落部落與聚落，幾乎每一個堂口都在公路旁：

鹽寮。

橄仔樹腳。

水璉，聖若瑟堂。在巷子裡，公路上看不見。此地不屬豐濱堂區，不過有一段時間我在這裡傳教。

蕃薯寮。

芭崎。

磯崎，聖德範堂。一九七三年聖斯德望（St. Stephen，又譯「聖德範」）主保慶日，我和教友在剛落成的聖堂前合影，那時還年輕，來到豐濱才一、兩年。

高山。不是很高的山，只是一個小部落，有AMIS也有布農族人，離開

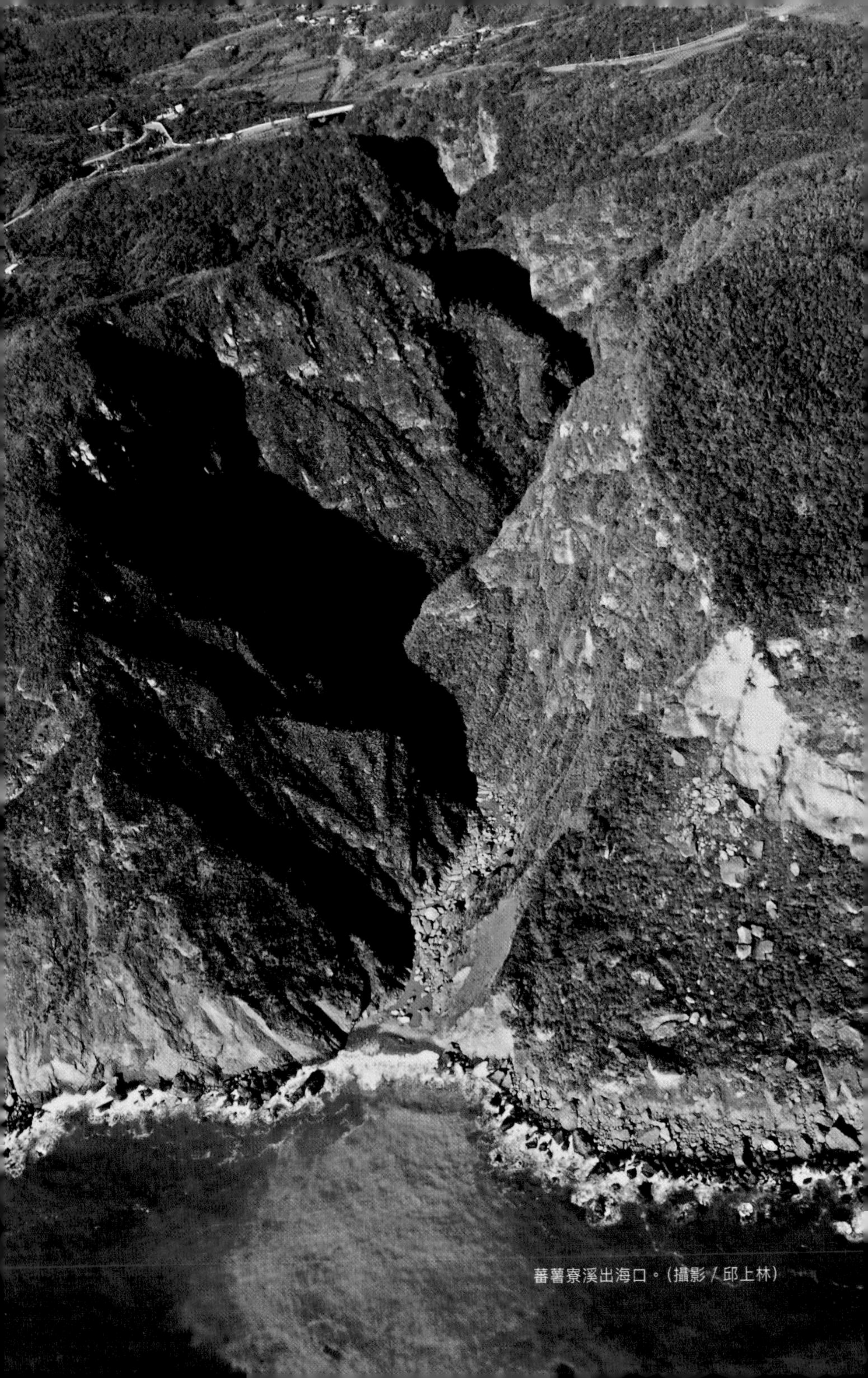

蕃薯寮溪出海口。(攝影／邱上林)

的多留下的少。教堂在右手邊山坡上。

小湖。

新社，聖思定堂。如果從行駛中的巴士望進巷子，簷頂托高的十字架一閃即去。

東興，聖瑪谷堂，在部落小路裡。有一年復活節聖歌比賽，東興的教友抱走冠軍獎座。

豐濱，聖母堂，本堂所在。

南方還有港口聖若望堂，過了秀姑巒溪還有靜浦聖彌格爾堂，三富橋聖來福堂是豐濱堂區最南邊的堂口。「颱風過後必須去看一看。」裴德神父當會如此惦念。

豐濱街上比平常冷清。海邊在七、八百公尺外，但強勁的風勢捲帶極細像霧一般的水沫，颳上身可以感到一陣濕膩。

轉進巷子，一抬頭看見十字架，高踞教堂頂上。十字架以上一片烏暗，不是罕見的天象，可是這一次不一樣。

裴德神父進屋，撥電話，那時下午四點。Lo’oh 接起電話，一聽是裴德神父，除了驚訝，只有滿腹問號。

不是下禮拜才回來？

颱風就要登陸，風勢愈來愈狂，雲層愈垂愈低又黑又密，就算不習慣颱風討厭颱風，也不可能不明白這種天候是暴風暴雨的前兆。這種時候裴德神父回來做什麼？不管什麼事情，碰到颱風天都該擱下，沒有什麼比躲颱風更要緊的了。

祈禱會會長也被喚來，他們一聽裴德神父說出「我擔心房間」這樣不像話的話，臉色一沉，完全不知該怎麼回話。神父在，颱風會撲來，神父不在，颱風也不會改道。Lo'oh 說：「只要一通電話要我確實關緊鐵捲門就好了嘛。」這正是裴德神父冒險回到豐濱要他們做的第一件事。

Lo'oh 拉下鐵捲門——為了抵抗颱風特地訂製的抗颱裝甲——栓緊，鎖定。

裴德神父氣色不太妙，看起來跟鐵捲門一樣冷白，滿臉疲憊，話卻不停，嘴巴一刻也沒闔上，交代這個交代那個。

漁民需要這個旗子。

如果用完，去光復，海文社，他們可以做。

Lo'oh 想起颱風前夕最後一次與裴德神父談話的情景，十六年後仍然覺得那一晚神父舉止反常：

一直講一直講，飯也不吃。

三人擠在裴德神父的房間，門窗緊閉，愈來愈悶，直到會長說防颱工作還

裴德神父特地為漁民製作的平安旗，至今教友出海仍將旗子掛在船頭。(Lo'oh 提供)

沒完，他才放人。

一看鐘，八點多，雨勢愈來愈粗急，陸上警報再發布，第六報，警戒範圍擴大到全臺各地包含外島。

大家都知道，裴德神父接下來會跟往常一樣關緊門窗，把自己鎖在屋裡，安靜等待是他對付颱風唯一的手段。

風雨愈來愈強暴。

像裴德神父那樣一個忠誠殷勤的使徒，沒人猜得出在如此艱困難熬的時刻，他究竟比較擔心自己的境遇，還是更掛念第二天的主日彌撒。

二〇〇五年九月是一個焦躁的月份，強烈熱帶氣旋在九月最後幾天生成，令十月始於一場令人難忘的暴風雨。

就算天災是出了名的土產，也罕見兩個月內連續經歷三個強烈颱風。上一次一年內連續三個強烈颱風登陸臺灣是一九六五年，整整四十年前。

當時，裴德神父正值盛年，在緬甸傳教，還不是「裴德」神父。他不知道幾年後將在臺灣遇見海邊的AMIS，甚至可能對臺灣一無所知。

1 廖志翔，〈民國九十四年颱風調查報告——第十九號龍王（LONGWANG）颱風（〇五一九）〉，《氣象學報》，卷四六期（二〇〇六），頁八九至一〇九。UTC是Universal Time Coordinated（協調世界時）的簡稱，以國際原子時（International Atomic Time）為基準計算得出的時間系統，直接與國際度量衡標準相聯繫，目前所有國際通訊系統如衛星、航空、GPS等，皆協議採用UTC時間。

2 同註1。

3 同註1。

4 本文出現的族語專有名詞拼寫優先依據裴德神父的著作，不一定與現行通用拼法一致。

在「裴德」之前

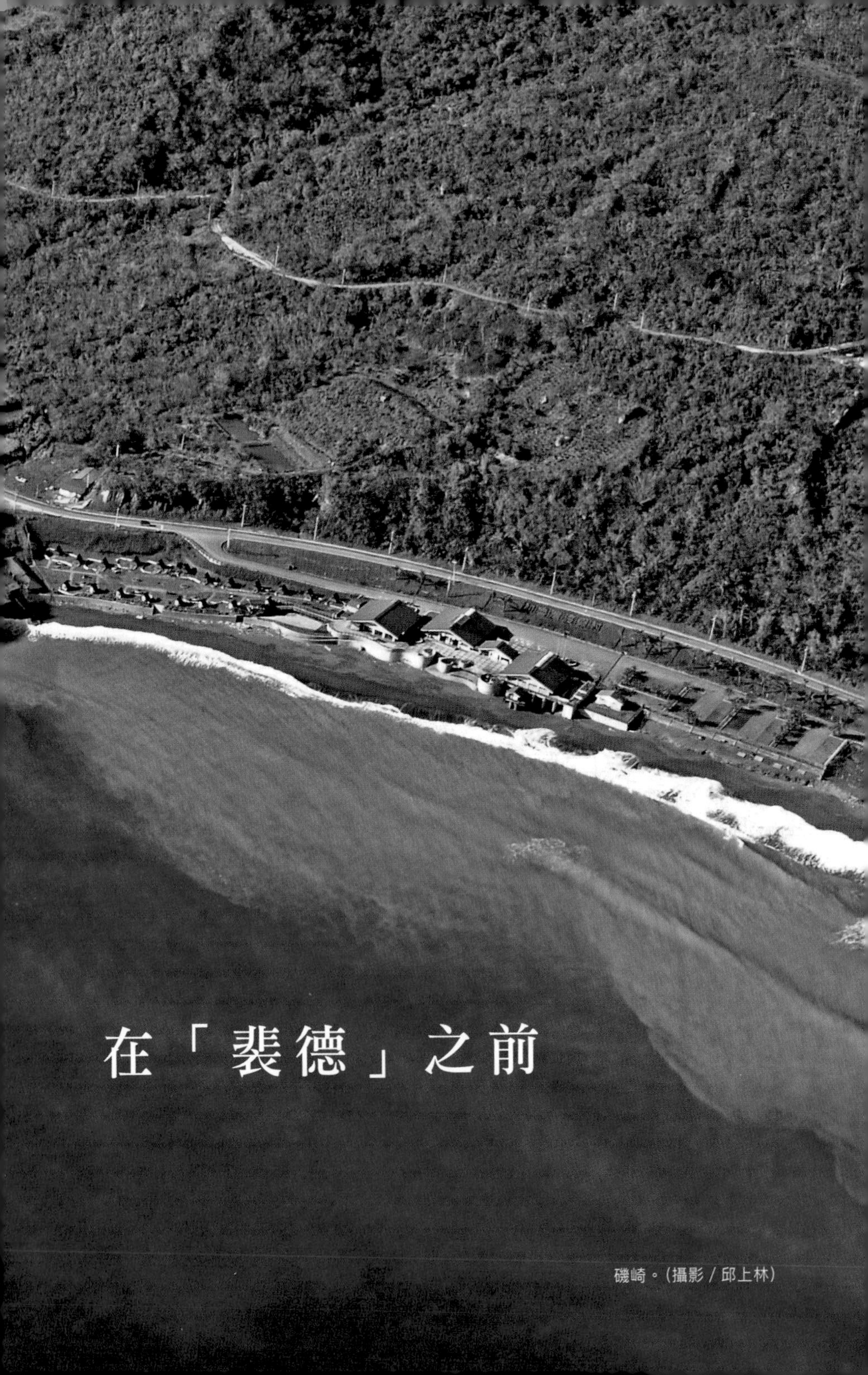

磯崎。(攝影/邱上林)

安德烈・巴雷

一九三〇年十二月十五日[5]，安德烈・巴雷（André Pierre Marcel Bareigts）誕生於吉什（Guiche），一個位於法國與西班牙國界庇里牛斯山北麓的小鎮，風景秀麗。比起南方五十公里外山谷中「法國之路（Camino Francés，西班牙朝聖之路 Camino de Santiago 最熱門的路線）」的起點聖讓皮耶德波爾（Saint-Jean-Pied-de-Port），吉什只是一個寧靜平和的小地方。

安德烈出生前，父親是法國中部盧瓦雷省（Loiret）的稅務員。後來年輕的巴雷夫婦搬到納瓦爾朗（Navarrenx），此地與吉什同屬庇里牛斯大西洋省

（Pyrénées-Atlantiques），相距僅一個小時車程。安德烈的外婆希望第一個孫子在吉什出生，堅持女兒也就是安德烈的媽媽回到娘家待產，於是安德烈在吉什誕生了。

或許出於此一因緣，安德烈終其一生對故鄉始終保有發自內心的眷戀，吉什的山水草木教他熱愛自然，討厭非自然材質，所以他一看見豐濱天主堂的草坪變成水泥地，立刻變臉。

每逢長假，安德烈總是不辭路途遙遠返回吉什的懷抱。在長年的傳教事工之餘，他渴望並樂於在故鄉與朋友玩伴重逢敘舊，他認識每個人，大家也都樂於見到他。由於對鄉村農事和育種工作的莫大興趣，還有深厚的家族故鄉情懷，安德烈曾花費一番心力鑽研當地的農村環境與其傳統，追溯並記述其起源，這些追索於一九六九年集結為《吉什，拉布爾之村（*Guiche, village du Labourd*）》[6]，此書問世至今超過五十年，仍然是吉什市政廳介紹這個擁有千年歷史的小城時重要的參考書目。此外，安德烈在臺期間繼續研究與家鄉及附近地區相關的歷史或人事物，從一九八七年至二〇〇四年間，至少又寫了五本書。

法國西南部與西班牙接壤地帶是傳統的巴斯克地區（Pays basque），吉什位在其中。巴斯克語歷史悠久，但僅用於巴斯克地區，是西歐唯一的孤立語言，與盛行於歐洲各國的語言不屬同一語系。根據統計，巴斯克地區不到三成居民使用巴斯克語，其中法國境內的使用者在全體巴斯克語使用者中僅占約百分之七，這使得巴斯克人在法國境內猶如講著罕見語言的少數民族。

這種類似少數民族的處境似乎強化了安德烈對家鄉的情意。在裴德神父入

黑色巴斯克帽是裴德神父的註冊商標，人到哪裡帽子就到哪裡。左下圖由左至右依序為裴德神父、潘世光神父、顧超前神父、呂德偉神父。(圖片提供 / 花蓮光復大馬天主堂呂德偉神父 Rev. Claude Louis TISSERAND)

鏡的照片裡，幾乎每一張都可以見他戴著巴斯克帽，就像註冊商標，彷彿藉此提醒自己也告訴大家他來自巴斯克。安德烈之所以對原住民族或少數民族——無論緬甸還是臺灣——的語言深感興趣，或許即源於自身族群處境而生的同理與同情之舉。吉什是關於裴德神父點點滴滴的起點，他一生熱愛自然，又高度關注語言、文化與傳統，想必早在年幼的吉什時代就埋下了種籽。

戰火下的學生時代

巴雷夫婦育有四個男孩，安德烈是這一群兄弟的老大，他們一家都是虔誠的教徒，安德烈出生第三天就在吉什的教堂受洗了。

一九三六年至一九四二年，安德烈在同屬巴斯克地區的納瓦爾朗上小學。當時，納粹崛起，歐洲大陸情勢持續惡化，與德國相鄰而且在歷史上屢屢相抗的法國，也難逃納粹帝國的折磨。一九三九年歐戰爆發，一九四〇年六月法國戰爭失利，最後與德國在一戰舊地簽署著名的「第二次康邊停戰協定」，在極端的羞辱中舉手投降。德軍在法國國境開腸破肚劃設停戰分界線，大致從東北內陸向西南海岸延伸，以北以西為德國佔領區，包括英吉利海峽及大西洋濱所有港口，以南以東為自由區，由德國控制下的維琪政權統治。

安德烈的故鄉吉什位於佔領區，他們一家所在的納瓦爾朗屬於自由區，但相當靠近停戰分界線。世局混亂，幸好安德烈的學業並未中斷，一九四二年十月，他被送進聖弗朗西斯中學（Le Collège Saint François），離家不遠，不到二十公里。

安德烈進入聖弗朗西斯中學一個月後，德國撕毀協約，和義大利聯手佔領自由區，從此法國就不分自由區佔領區了，兩個地區直接改稱南部、北部。在動盪不安的烽火戰時和戰後虛弱蒼白的復原時期，安德烈度過中學生涯，順利完成初中與高中學業。

奔向巴黎外方傳教會

一九四九年六月，安德烈以優秀的成績取得高中文憑，下一步怎麼走，他已有定見，而且有所規劃。這個十九歲的年輕人是否以及受到何種力量的驅使或感召，我們一無所悉，只看見他在高中畢業後立刻投向天主的懷抱，直奔巴黎外方傳教會（Missions étrangères de Paris）。

那一年十月八日，安德烈進入比耶夫（Bièvres）的外方傳教會神學院（Seminarium des Missions étrangères），第二年也就是一九五〇年的聖誕夜前一天，他在神學院的教堂接受剪髮禮[7]。

安德烈決定投身福傳，從一封毛遂自薦的私函可以看出他的決心十分強烈，年紀愈長意志愈堅定。一九五一年三月十三日，時序入春，安德烈的心思彷彿茁生的新芽，長成一封真摯的信札。他以帶著些許焦灼的字句，向巴黎外方傳教會總會長表達了加入該會的願望：

……按照新規則的要求，在明確獲得承認前，我希望暫時性地加入外方傳教會。

閣下，一個月後我即將入伍，或許您會認為此刻提出此一要求過於急躁。然而，此番渴望我已持擁多年，在外方傳教會三百年歷史中，無數巨人般的使徒奉派福傳，其中殉道者所在多有，且古今皆然，自從進入神學院以來，我尤其深受激勵。我之所以熱愛外方傳教會，還有兩個原因，首先是對於聖母的崇愛，有了她就可以達致任何成就。其次是此時此刻身在中國的傳教士向我們這群年輕的利未人[8]展現了犧牲奉獻的精神，那是英雄主義耀眼的典範。我深知，閣下，未來一切福傳我將與之齊為基督受苦，聖保羅對我們所說的一切將賦我以翅翼，催促我去完成作為一個有抱負的傳教士的日常事工。

我還欣賞外方傳教會流傳的慈善精神，以及教導我們在福傳時必須具備的清貧精神。基於以上我已進一步解釋的原因，我期待，閣下，成為這個英雄行列的一份子。

然則，倘閣下認為我過於浪漫，或者不夠成熟，我將樂於接受否定的判決，並將努力克制衝動，保持冷靜，趁著服役期間在美德之中與瑪利亞一起前進，戒除譫妄。

一九五一年四月十日，巴黎外方傳教會對安德烈的渴望表達了意見。如其所願，積極的請求獲得肯定的回覆，該會准許他自四月二十二日起加入外方傳教會。四月底安德烈奉召入伍，一開始派往巴約訥（Bayonne），翌年二月調往巴黎地區，八個月後退伍。一退伍，安德烈立刻趕回外方傳教會，繼續接受神職人員與傳教士訓練。

一九五四年三月十九日，繼三年前那一封誠懇而急切的私函，安德烈再度致書巴黎外方傳教會總會長，這一次他希望正式加入外方傳教會，成為其中一員。他以堅定的口吻述說志向：

五年來，我在外方傳教會神學院，始終懷抱著成為傳教士的願望……。我提出此一請求，乃因深知傳教的生活即祈禱、克己、齋戒與奉獻的生活，亦知令我渴望福傳的聖神將賜我以必要的恩典。

安德烈隨信附上神學院院長對他的評語：

抱負遠大、虔誠又遵守常規。大方慷慨，與生俱來的天性，一言以蔽之，完美無瑕。他的理想是「騎士使徒」，卻又謙虛自持，服從指示。

一九五四年五月二十九日，安德烈與十四位夥伴獲准加入巴黎外方傳教會，成為該會成員，第二天獲命為副執事（sous-diacre），半年後晉升執事（diacre）。

懷著一顆炙熱的心，安德烈邁向成為傳教士的旅程，整整一年後，他抵達一個值得紀念的里程碑。

一九五五年五月二十九日，那一天既是主日，又是一年一度的五旬節，正是在如此具有意義的節日，安德烈一償宿願，接受主教的祝聖成為司鐸，數年來的追尋與努力終於長成第一顆果實。

晉鐸為神父的安德烈隨即接獲任務，奉派前往緬甸北部的曼德勒總教區（Archidiocèse de Mandalay）。僅僅幾個月以前，一九五五年初，曼德勒才從代

曼德勒，一鳴驚人的起點

緬甸是一個神秘的國度，比起耶穌基督，此地人們更習慣瞻仰諸佛，這不是巴雷神父前往緬甸途中遇到的第一個挑戰，何況挑戰其他信仰不是傳教士的使命。

巴雷神父接獲派令時，這片歷史悠久的土地不久前才脫離英國的統治，飽受殖民壓迫與被戰火殃及的緬甸人民試圖獨立。他們顛顛簸簸建立了「緬甸聯邦共和國」，一個嶄新的國家總有解決不完的問題，挑戰一個接一個，尤其是乘著二戰後獨立浪潮誕生的國家，有的至今尚未穩定，緬甸就是其中之一。

動盪的政治局勢直接影響了巴雷神父入境緬甸。以曠日廢時來形容申請簽證的過程，一點也不為過，包括他在內的四個年輕傳教士為了獲得這個「必須看到的文件」[9]，不得不苦苦等候。

由於看不出放行的跡象，他們被送往英格蘭和蘇格蘭學習英語，並在當地擔任神職執行事工。其後，一九五七年一月至五月，他們在里爾天主教學院[10]接受醫學訓練，巴雷神父還額外修習了葛利果聖歌（Chant grégorien）相關課程。

一九五七年八月中旬，幾經波折延宕超過兩年後，曼德勒終於傳來巴雷神父等人獲准入境。一得知這個好消息，巴黎外方傳教會總會長惠化民主教[11]立刻向曼德勒總主教法利埃（Mgr. Alber FALIÈRE）介紹巴雷神父這個迫不及待的新手：

巴雷與另外三人將於十月二十日左右從安特衛普動身。他意志堅定，吃苦耐勞，目前在英格蘭讀書，但巴不得趕緊離開。

巴雷神父等到耐心盡失，乾脆寫信給法利埃總主教，一如以往再度展現無比的熱切：

有時我像籠子裡的獅子一樣咆哮：我們受到無微不至的照顧，但這種豐盛富足毋寧是嚴酷的懲罰。我希望離開英格蘭……渴望曼德勒的生活。

十月底，簡直悶壞了的「緬甸四人組」終於啟程，從巴黎前往鹿特丹轉海路，搭上一艘叫做「孟加拉號」的瑞典貨輪，飄洋渡海近一個月終於在仰光上岸，幾天後巴雷神父飛抵曼德勒，受到法利埃總主教的歡迎。初次見面，巴雷神父對總主教印象深刻，說他是「一位與眾不同的主教，一個熱切的勇往直前的人。」

一年即將結束。傳統上，一月頭幾天傳教士齊聚一堂，出席一年一度的「避靜會」（retraite）。新人初來乍到，趁著盛會到來前這段時間，留在主教轄區學習當地語言，巴雷神父在此第一次接觸到了緬甸語。

一年一度的聚會氣氛熱烈，那是洗濯心靈重振精神的時刻。巴雷神父的表現堪稱突出，簡直一鳴「驚」人，他在會場高聲大喊巴斯克人著名的戰呼，據傳法利埃總主教被這個全曼德勒最年輕也最資淺的神父嚇了一跳。

盛會結束，巴雷神父被派往曼德勒西北方的瑞波（Shwebo）[12]學習語言，他進步神速，展露了令人吃驚的語言天賦。一九五八年三月起，他在瑞波附近一個叫做培陽（Payang）的小村莊一邊繼續學習緬甸語，一邊執行教會事務。

這一年巴雷神父二十八歲，十年磨一劍，經過長久的準備與訓練，終於在離家千萬里的亞洲鄉村以一名司鐸的身分接近需要幫助的人們，這是他在福傳路上的第二座里程碑。培陽確實只是一個里程碑而非長期據點，隨著法利埃主教積極拓展福傳事業，十個月後巴雷神父轉進曼德勒西方的欽邦（État Chin），從此直到被迫離境，他都在這一片崎嶇的山地度過大部分緬甸時光。

遇見勞圖

欽邦位於緬甸西北部邊區，與印度、孟加拉接壤，地形與東邊遼闊的伊洛瓦底江河谷平原截然不同，全境幾乎是山地，交通不便，面積與臺灣島相近，人口卻只有臺灣的五十分之一[13]，包括高達百分之七十三的貧窮率在內，幾乎所有統計數字都顯示欽邦是緬甸最不發達的地區之一，利於「現代化」發展的條件屈指可數，與所謂的「開發」相距甚遠。

儘管如此，欽邦是許多少數民族世代倚賴的家園，幾十支民族，幾十種語言，宛如同時綻放的繽紛花朵。最特別的是此地人們的信仰，不像緬甸多數地區，當時欽邦八成以上居民信奉基督教，尤其新教，佛教徒在此是少數族群，此外極少數人信仰伊斯蘭教、印度教，還有傳統的泛靈論者，他們相信萬物皆有靈。

曼德勒總教區的歷史可追溯至一八六〇年代，從一開始的代牧區時期就由巴黎外方傳教會負責開拓。如同巴雷神父，法利埃主教一九一四年晉鐸後就派往曼德勒，揭開超過半世紀緬甸生涯的序幕，一九三〇年起，法利埃主教獲得教廷委以領導北緬甸代牧區[14]的重任。進入欽山（Chin Hills）地區向泛靈論者傳遞福音，一直是法利埃主教心目中希望優先執行的計畫，他派遣神職人員進入欽邦南部的山間小城敏達（Mindat），又趁著巡迴欽邦北部期間在通桑（Tonzang）開設據點。二次世界大戰期間，戰火波及欽邦，傳播福音的工作受到影響，幸好戰後年輕傳教士陸續到來，新血加入令法利埃主教大受鼓舞，他相信恢復並開展欽邦鄉間的福傳事業大有可為。

很快地，法利埃總主教終於得以實行諸多計畫裡的其中一項，即加入欽山地區的兩個傳教總部，哈卡（Haka）和敏達，一北一南，兩地相距約三百五十公里，相當於基隆到高雄。哈卡新設教區，交由羅伊神父（Rev. Claude ROY）[15]掌理，雖然浸信會從一八九二年起就在此經營，羅伊神父仍然贏得附近幾個村莊的好感。

至於巴雷神父，抵達曼德勒之前聽說有個小鎮叫做馬圖皮（Matupi），位於敏達西方，他覺得馬圖皮這個名字頗具詩意，聽來十分悅耳，叨唸個不停。一九五九年初，法利埃總主教認為似乎可以把巴雷神父送到這個他夢寐以求的地方，於是派他去哈卡與羅伊神父共事，一邊學習語言，一邊準備幾個月後深入南方探察，以便在「緬甸西部欽山地區介於哈卡和馬圖皮之間某處」建立教區。

一九五九年二月初巴雷神父抵達哈卡，開始學習哈卡地方的欽語。落腳不到兩個禮拜，就有人問有沒有神父願意待在哈卡南方四天路程以外的勞圖族地區。被這麼一問，巴雷神父有點驚訝，當時哈卡一個天主教徒也沒有，他覺得他們在那裡也不太受歡迎。儘管如此，巴雷神父和羅伊神父想法一致，給予肯定的答覆，願意走一趟，不過踏出第一步之前，巴雷神父認為有必要了解一下欽山地區，於是返回北方讀了幾本書，順道走訪了幾個村子。

五月底，巴雷神父和羅伊神父在一個傳道師的陪同下，啟程前往馬圖皮。

這是一趟艱苦的旅程，他們穿過村莊，有時和熱情的村長住在一起，有時住在黑漆漆的小平房，走過蜿蜒崎嶇的山路，四天後終於來到山間谷地裡的小村哈納寧（Hnaring）。

村長十分熱情，他們毫不猶豫地買下一間空屋，花費四百緬元。巴雷神父出發前看了些資料，可能因此對哈納寧有點軼事式的認識：「正是在哈納寧，一年前一個名叫雷曼[16]的美國民族學家和妻子在此度過六個月，留下美好的回憶。」初次往訪，巴雷神父之所以對這個離緬甸西方邊界不遠的小地方留下印象，或許因為雷曼是個「民族學家」。在哈納寧這個小地方，巴雷神父第一次聽見勞圖語（Lautu），這是當地固有的語言，儘管村人也聽得懂哈卡的欽語。

巴雷神父一行繼續南行，出發十二天後終於抵達馬圖皮。馬圖皮只有三個天主教徒，都在政府部門工作，浸信會教徒也不多，只有十個家庭，正在慶祝他們第一座教堂落成。有人向他們遊說在馬圖皮買房子，要價三百緬元，這筆開銷此刻他們負擔不起。長途步行把他們搞得疲累不堪，歸途漫長，而且好像變得更難走，花了兩個禮拜終於回到哈卡，筋疲力盡，也感到如釋重負般的欣喜。

民族學式福傳

南部欽邦之旅本來是為了開拓教區而出訪，不過巴雷神父另有收穫，似乎激發了他對人、民族和語言的關注與興趣：

從這趟為期二十一天的旅行，我們得知欽族問題的複雜性，希望進一步了解這些顯然擁有不同語言和習俗的民族。……我們幾乎全程徒步，因此得以直接看見欽族各群之間的差異，一走進勞圖族人家中更是一心想要正確地分辨他們的習慣和習俗。以前我們自認為了解欽族，以為他們彼此沒什麼不一樣……

——LES LAUTU[17]

這一趟探索之旅對巴雷神父來說是一起關鍵事件，在日後的傳教生涯裡發揮深刻的影響。他寫信對巴黎外方傳教會神學院教授德文克神父（Père Emile DEWONCK）說：

……探險歸來後，收到您的來信，謝謝。曼德拉的傳教士名額已達飽和，很長一段時間以來沒有像我一樣年輕的傳教士了。我剛剛與羅伊完成一趟長達四百二十公里的旅行……十八天步行，只有四天停留原地……我的駐地定下來了，也在一個一千兩百人的村莊買下日後的住所。我得學兩種語言，但不像緬甸語那麼難。……

哈納寧是一個熱情的村子，那兒有一間等著主人的屋子，巴雷神父隨時可以前往定居，他迫不及待地學起當地的語言。

一九五九年十月下旬，巴雷神父住進幾個月前買下的屋子，由於買賣牽成的因緣，前屋主的十五歲姪子成為他的廚師兼勞圖語教師，這個年輕人在村裡的學校學過哈卡語和緬甸語，是個合適的人選。

勞圖語比哈卡語難學，特別因為它不是一種書面語言——十年後他將發現AMIS語更難，最難的則是噶瑪蘭語——他將這個困境歸諸個人「缺乏語言學訓練，很難區分某些音素。」為此，他花費數年勤學勤練，還替勞圖語建立了一套字母表。

「在欽邦建立天主教教區。」這是法利埃總主教的指示，巴雷神父謹記在心。一九六〇年八月十五日，他在花了好幾個月才落成的新教堂主持第一場彌撒，在三十個勞圖人面前第一次宣講，他很高興可以按照教會的禮儀和規矩來主持儀式，同時也認為要廣泛、深刻又有效率地傳遞福音，光靠建教堂、主持彌撒是不夠的。

當時欽族總人口不到一百二十萬，組成的亞群卻超過六十個，如同巴雷神父於 *LES LAUTU* 一書所指出，欽族的樣貌十分複雜，「有必要了解他們的社會組織，否則就無法傳教。」

身為一個對人群和語言極感興趣的傳教士，巴雷神父駐留哈納寧七年期間，以無比的耐心致力於全面而有條理地研究當地的語言風土，經常拜訪鄰近的村莊，接觸上了年紀的村人，從他們口中獲得各式各樣的訊息，勤快地記錄一切聽到的看見的，累積了數量驚人的民族志筆記。在更加通曉勞圖語之後，他透過兩個泛靈論者「祭司」收集古老的歌謠、禱詞還有勞圖人的神話傳說，一切跋涉、聆聽、記錄和研究，「都是為了更加了解平常一起生活的勞圖人所擁有的事物。」

外方傳教會的「外方」譯自 étrangère，意指「異邦、外國」，又有「陌生」之義。每一個外方傳教會的傳教士每踏上一片異邦國境，第一件工作就是學會陌生的語言，擁有這件利器才有辦法開口散播福音。巴雷神父還讓這件必備的工具發揮其他用途，藉由語言他認識使用該語言的人和民族，進一步理解他們的文化、傳統和社會組織。

哈納寧是巴雷神父畢生事業的起點，在那個海拔一千三百五十公尺的山間小鎮，他建立福傳生涯裡第一座聖堂，還為他的民族學研究奠定基礎。在那裡，他是一位傳教士，也是一個業餘的民族學家兼語言學者，不放過任何接觸人群的機會，一邊傳福音一邊傾聽人們的歌曲和故事，跟一個勤快用功的田野調查者沒有兩樣。

巴雷神父創造了一套深入傳統文化肌理的傳教方法，在變動劇烈的時代為沒有文字的少數民族——例如一九五〇、六〇年代緬甸動盪時期的勞圖族人——留下珍貴的文字記錄，這些數量龐大的田野筆記後來成為讓他走上民族學家之路的資本。

幾年後，巴雷神父從中南半島的熱帶中海拔山區，來到北回歸線附近的西太平洋島嶼邊緣，從面對熟悉的勞圖人勞圖語，到與陌生的AMIS人AMIS語為伍，他再度採用在哈納寧建立的「民族學」式傳教法，學習語言，傾聽並記錄傳說故事，研究風俗習慣，最後融入部落，不但取AMIS名字，期待參與祭典，還加入sral（年齡階級），徹底成為AMIS的一分子。

以七年光陰在緬甸創造「民族學」式傳教的巴雷神父，後來成了在花蓮投注後半人生來貫徹「民族學」式傳教的裴德神父。

再見緬甸

在哈納寧建立教堂，踏穩第一步，一九六〇年十月，巴雷神父和羅伊神父再度相偕出訪，這一次目的地是欽邦東南部的敏達。他們在起伏的山間漫遊長達一個月，締造了欽山地區史上值得記上一筆的記錄。巴雷神父致力於傳教，常常出外巡迴傳教，忙得十分愉快，在如此忙碌而愉快的傳教生活之外，政治局勢的烏雲漸漸籠罩整個緬甸。

一九六二年三月，緬甸局勢惡化，尼溫將軍發動政變，宣布國防軍接管政權，隨後實行長達二十六年的「緬甸式社會主義」，一般認為那是一項封閉、排外、導致貧窮的政策。在此之前，緬甸曾經是亞洲相對繁榮的國家之一，「緬甸式社會主義」實施後，經濟、教育和生活水平大受影響，言論自由遭到廣泛限制，出版品必須經過檢查，民營報紙及外文出版物一律禁止，外國援助組織的經營也面臨限縮的命運。國內貧窮，國際孤立，外界以「災難」來形容「緬甸式社會主義」。

軍方掌權後，國民的遷徙自由高度受限，目的地如果是西方國家，限制尤其嚴格，外國人簽證的時效則不可思議地只有二十四小時，境內往來必須持有安全通行證（sauf-conduit），特別是從山區前往平原。一九六四年五月，軍政府宣布廢除舊鈔兌換新鈔，違者處十年徒刑或死刑，一時之間街頭哄動，人人垂頭喪氣，許多人因此破產，外僑紛紛落荒而逃，生活費用節節攀高，某些日常用品昂貴到令人咋舌，隔年緬甸政府還將私立學校無償收歸國有。

緬甸國內變化迅速以致令人擔憂的政治情勢，巴雷神父不是那麼清楚，他忙到連廣播也沒有時間聽。這不代表他不受波及——Lo'oh記得裴德神父說過差點被打死——教會和外國傳教士反而是警方特別監視的對象。一九六四年十月，傳出有個警察前去拜會巴雷神父，要求他出示主教發給的文告。這次不尋常的見面為巴雷神父帶來麻煩，他被告知必須在十二個月之內離境，以免因「撰文批評黨……」之類的罪名遭到拘禁。

巴雷神父平靜以待，傳教如常。一九六五年初他深入緬甸西北邊境，有些浸信會教徒來參加他主持的彌撒，他在旅途中遇到幾個天主教徒，也替幾個人施行洗禮，村人前來聆聽他錄製的勞圖語歌曲。三月，巴雷神父來到一個馬拉人（Mara）的村莊，這裡講馬拉語，一種有待學習的全新語言。他錄下村人吟唱的傳統歌謠，趁機收集有趣的民族學資料，仔細寫筆記，還透過慕道者的協助翻譯了基本的天主教祈禱文，隨後回到哈納寧，繼續編寫勞圖語字典——這本字典收錄約四千個單字——接著再度出訪，探視附近幾個村莊，遇到很多人，收集了許多有趣的故事。巴雷神父四處傳教，四處聆聽並記錄傳說故事、口頭文學、古代歌謠和傳統習俗，不放過任何收集資料的機會。

無論福傳事功還是田野調查，一九六五年都是豐收的一年。他在一封致德文克神父的信中描述令人著迷的經歷：

……前幾天，我走不到村子，只好在河邊過夜，避開熊和老虎出沒的角落，晚餐是一根乾香蕉和兩顆維他命。……在耶穌升天日，我用兩頭豬和兩罐玉米酒慶祝擔任聖職滿十年。傳教至今將近八年，害怕在法國休假……今年我又走了很多路，明天我又要前往一個新的村子，它在呼喚我。我試著完成一本字典，整理風俗習慣和古老的歌謠、困難但意義豐富的語言、無數的節日、複雜的風俗。（來到哈納寧）六年後，我還是個新手，每天一個新詞，一個新的表達方式……

一九六六年初，巴雷神父進行了在緬甸的最後一趟長程出訪，目的地是馬圖皮南方五天腳程外的坎塔克村（Cangtak），他在那裡為二十個村人主持了一場彌撒，聽他們唱歌看他們跳舞，如同以往勤做紀錄。有十幾個家庭希望巴雷神父給予祝福，部落領袖保證每個星期日都會舉辦祈禱會，也會派年輕人去哈納寧學習。

在欽山的日子不多了，對此巴雷神父有所預感。返回哈納寧後，他繼續錄製勞圖歌謠，依據勞圖人的傳統儀式同時按照天主教禮節，為他的傳道師籌備婚禮。三月中旬巴雷神父前去哈卡會見新任總主教，自從一九五九年進入欽山地區傳教以來，曼德勒總教區已經歷了三位總主教。巴雷神父回到哈納寧，整個村子沉浸在婚宴的喜慶中。歡樂的氣氛沒能持續太久，不到半個月他收到同事從曼德勒發來的電報：

速至曼德勒！

途經哈卡，羅伊神父告訴他四月底以前必須離境。緬甸當局宣布一九四八年獨立以後入境的傳教士不再發給簽證，這相當於將所有與巴雷神父年紀相仿的傳教士驅逐出境。

從這一刻起，巴雷神父一步步走近緬甸時期的盡頭，連忙收拾長年累積的筆記，懷著沉重的心情，打算在復活節的慶祝盛宴後離開欽山。四月十日，星期日，巴雷神父度過在哈納寧的最後一個復活節，一個人進行彌撒。第二天一大早他就出門了，成千上百的村人等著向他道別，其他村子的教徒也等著與他打招呼。

羅伊神父和雷斯帕德神父（Rev. Auguste LESPADE）[18]已在哈卡等候多時。從曼德勒搭乘火車前往仰光之前，巴雷神父再一次見到摩西總主教（Archbishop

Aloysius Moses U Ba Khim）。他遇見來自哈納寧的士兵，跟他們用勞圖語聊了一會兒。不難想像那是一幕愁緒蕩漾的景象，他們很可能是巴雷神父今生見到的最後幾個勞圖朋友。

一九六六年四月二十七日，巴雷神父搭上飛機，在仰光上空對緬甸投以最後的凝視。

5 以下關於裴德神父來臺以前的描述部分取自法亞研究學會（IRFA，L'Institut de recherche France-Asie）「訃告」一節（https://www.irfa.paris/fr/notices/notices-necrologiques/bareigts）。

6 Labourd，法國前省級行政區之一，為傳統巴斯克省份，位於庇里牛斯山以北大西洋以東，轄區尚包括今一部分庇里牛斯大西洋省（Pyrénées-Atlantiques）。

7 la tonsure，剪髮禮，一種宗教儀式，修剪部份或全部頭髮，以示獻身信仰。這項儀式常見於中世紀修道院的修士，已於一九七二年廢除。

8 Lévites，被神特別揀選出來服侍神的人。典出《舊約聖經．民數記》3:12：「我從以色列人中揀選了利未人。」。

9 Visa，源自拉丁語 charta visa，意指「必須看到的文件」。

10 即 Institut Catholique de Lille，今稱「里爾天主教大學（Université catholique de Lille），位於法國里爾。

11 惠化民主教，Mgr. Charles Joseph LEMAIRE，一九〇〇年生於法國。一九二九年晉鐸，其後被巴黎外方傳教會派往中國傳教；一九三九年起擔任吉林教區助理主教；一九四五年至一九六〇年擔任巴黎外方傳教會總會長；一九六〇年前往香港；一九九五逝於香港。裴德神父渴望加入外方傳教會，多次寫信毛遂自薦，其對象就是當時的總會長惠化民主教。

12 瑞波，即中國古籍裡的「木梳」或「木疏」，緬甸最後一個王朝貢榜王朝最早的首都。

13 根據二〇一四年的統計，欽邦人口約四十八萬。

14 宗座代牧區簡稱代牧區，是天主教會直屬教宗管轄的臨時性教務單位，主要的目的是培養足夠數量的教徒，以便成立正式教區。一九三九年，北緬甸代牧區改稱曼德勒代牧區，一九五五年正式設立總教區。

15 即王健神父，一九三〇生於法國。一九五六至一九六六年間於緬甸傳教。一九六九年前來臺灣。一九七二至二〇一〇年於花蓮縣吉安鄉田埔天主堂擔任本堂神父。

16 F. K. Lehman，一九二四至二〇一六，美國人類學家，為美國著名的緬甸研究奠基人之一。

17 *LES LAUTU, Contribution à l'étude de l'organisation sociale d'une ethnie de Haute Birmanie*，裴德神父的學位論文，一九八一年修訂後於法國出版。

18 即良如柏神父，一九二九年生於法國。一九五六至一九六六年間於緬甸傳教。一九六七年前來臺灣，一九六九年起先後於花蓮市民國路天主堂及花蓮縣富里鄉富里天主堂擔任本堂神父。二〇〇六年逝於富里。

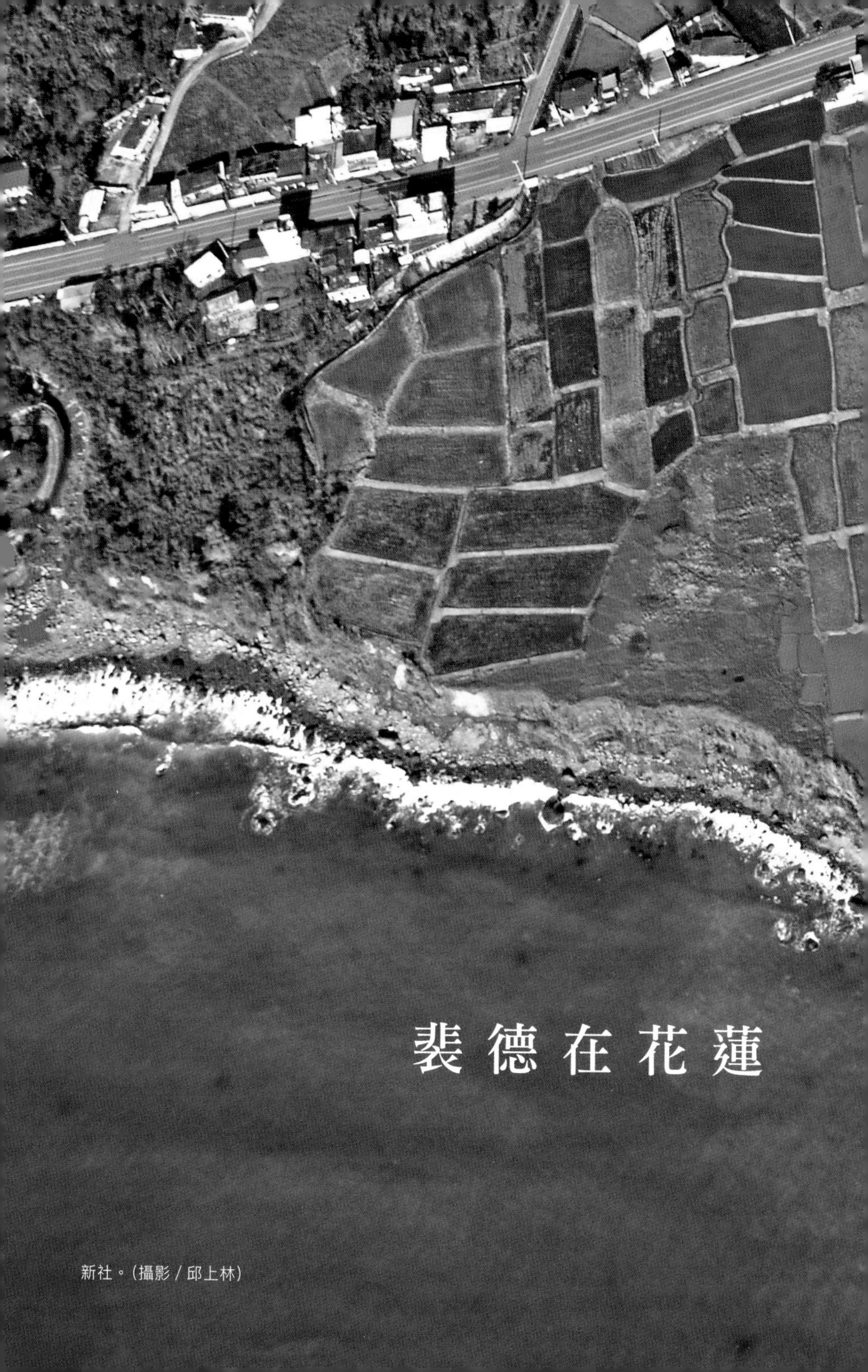

裴德在花蓮

新社。(攝影 / 邱上林)

巴雷神父是第一批被逐出緬甸的傳教士之一，這個令人遺憾的遭遇卻是促成他與AMIS長久情誼的因緣。

際遇相同的還有羅伊神父、雷斯帕德神父、賈傑朗神父（Rev. Cloude GAGELIN）[19]、庫爾格神父（Rev. André CUERQ）[20]，他們正值盛年，大約同時遭到驅離，不久都來到花蓮，並改用漢名，分別是王健神父、良如柏神父、賈士林神父、顧超前神父。有點年紀的老花蓮對這些名字一定不陌生，說不定還經常在花蓮市區、田埔、玉里市區還有靠山的卓溪看見他們奔波來去的身影。

最早來到臺灣的巴黎外方傳教會神父，有些於一九五〇年代遭到中國驅逐，例如花蓮人熟悉的費聲遠主教（Mgr. André-Jean Vérineux）[21]、愛照相的彭光遠神父（Rev. Pierre PECKELS），還有玉里人可能還記得的隆道行神父（Rev. Marcel RONDEAU）。巴雷神父等五人是另一批因政治動盪而遭到驅逐的傳教士，他們於一九六〇年代後期轉進花蓮。

巴雷神父留在巴黎進修，並未一同飛來，不過他和這一群緬甸夥伴沒有分開太久，很快就加入了花蓮行列。

ami（朋友）自遠方來

一九六九年六月，離開緬甸三年後，巴雷神父取得學位，比起學位，他更樂意重拾傳教生活，鑽研語言，聆聽古老的故事和歌謠，既然欽山和勞圖人已「遠」不可及，他要求前往其他地方繼續傳教。

亞洲是巴黎外方傳教會源起之地，也是該會派駐傳教士的傳統地區，這一次外方傳教會把巴雷神父送來臺灣，於是AMIS有了另一個遠來的ami（法文「朋友」之意）：裴德神父。

語言是第一道必須克服的關卡。一九七〇年代正值「國語政策」雷厲風行之時，原住民語、客語、閩南語……各種母語／方言被當時的政府打成落後不入流的語言，「講國語」是那個年代臺灣唯一的語言政策。

跟許多外籍神職人員一樣，裴德神父來臺第一件事就是進入新竹天主教華語學院（Chabanel Language Institute）學習「國語」。這間語言學校由耶穌會主持，自編教材，教學用心，從一九五五年到一九八一年間，成功協助包括神父修女在內的眾多外國人排除語言隔閡，堪稱當年首屈一指的華語教學機構，足以在臺灣華語教學史佔有一席之地，玉里劉一峰神父[22]、田埔王健神父、光復大馬呂德偉神父[23]……還有在裴德神父之前擔任豐濱天主堂本堂神父的顧向前神父[24]、戴天恩神父[25]，都在這間學校學會「國語」。

新竹華語學校的課程循序漸進，第一年進行反覆、密集的「聽」、「說」訓練，第二年才讓學生接觸「讀」、「寫」，開始讓他們讀報紙（國語日報），派他們去校外做簡單的福傳工作，或是為小朋友講故事。兩年一到，具備基本聽說讀寫能力就算畢業了，只有少數人留下來繼續第三年關於中國歷史、文化與社會層面的課程。

根據紀錄[26]，前述提及的幾位神父都修滿兩年華語課程，裴德神父待不到一年[27]就離開了。華語學院被譽為「最好的神職人員語言學校（the best language school for missionaries）」[28]，儘管如此，白牆綠瓦紅柱庭院綠草如茵的校園關不住裴德神父接近人群的渴望，他再度主動出擊，要求主教盡快派他去原住民地區。

一九七〇年八月十四日，裴德神父如願以償，獲命前往玉里東豐傳教。

東豐坐落在秀姑巒溪和海岸山脈之間，是ＡＭＩＳ的傳統生活領域，鐵份（Afin）部落所在地，樂合溪在海岸山脈西坡由北向南貫穿全境，有「河東天使」之譽的潘世光神父[29]當時正在東豐天主堂擔任本堂神父。

裴德神父在東豐第一次走進ＡＭＩＳ部落，第一次聽見ＡＭＩＳ語，第一次獲知颱風的威力也是在東豐。就在他抵達東豐半個月後，颱風芙安（FRAN）生成，掠過臺灣北部，不久前他才離開桃園、新竹，路徑怪異的芙安在那裡降下巨災，罕見的暴雨令城鎮淹水，河川暴漲，死亡失蹤者近一百五十人，房屋全倒超過一千五百戶。芙安並未「傳統地」傷害東臺灣，裴德神父在風暴邊緣與災難擦身而過，對他來講可以說是溫和無害的颱風初體驗。

東豐是裴德神父長達三十五年ＡＭＩＳ歲月的起點。擁有緬甸經驗，受過

裴德神父為 AMIS 編選的《聖詠集》。圖為傳教師 Lo'oh 使用多年的版本，歲月的痕跡非常明顯。（Lo'oh 提供）

專業的民族學訓練，讓他很快就對 AMIS 有所認識：臺灣人口最多的原住民族，集中於花蓮和臺東，而這兩個行政區恰好屬於花蓮教區。

這一次，裴德神父面對的 AMIS 與哈納寧的勞圖人處境不太一樣，他們的人數和語言是臺灣原住民各族之中最壯盛的，接下來他將付出後半生，讓自己這樣一個遠來的 ami，變成 AMIS 眼中道地的 AMIS（法文 ami 的複數形為 amis）。

長著西洋臉孔的AMIS

一九七二年一月五日，一個值得紀念的日子，這一天標誌了裴德神父豐濱時期的起點。

為了撫慰都市原住民教友，顧向前神父、戴天恩神父相繼離開豐濱，前往北部主持「旅北教友中心」，為出外的原住民族人主持母語彌撒。豐濱堂區本堂神父一職並未出缺太久，裴德神父獲費聲遠主教指派前去海岸山脈的另一邊，他向潘世光神父還有相處了一年的Afin部落族人辭別，啟程前往「位於一片狹長地帶，景觀野性而雄偉」的豐濱。

況當時鄉間仍舊風行講母語，尤其是在東豐這樣一個與「進步、現代的社會」隔著好一段距離的村子。既然如此，似乎沒有必要把時間花來學「國語」，裴德神父趕著離開華語學院，投身部落，放下華語，擁抱AMIS語——再一次「牙牙學語」可能偶爾令他想起緬甸的勞圖朋友——這贏得了Nakaw對裴德神父的另一個第一印象——「國語很爛。」

對傳教士而言，一九五〇年代的臺灣猶如「無人的荒土」，是再好不過的地方，尤其東臺灣。巴黎外方傳教會在花蓮的事業始於市區南方的田埔，一開始包萬才神父（Rev. François BOSCHET）開辦明德診所，一邊看病一邊傳教，很快地田埔成為巴黎外方傳教會擴散的起點，其所在的Na Tauran（荳蘭，即田埔）是天主教進入的第一個AMIS部落，也是臺灣第一個非平埔族的原住民族天主教堂區。AMIS相當能夠接受福音，特別是天主教的教理，第一批就有三十位族人集體受洗[31]。前所未見的盛況不禁令費聲遠主教將田埔形容為「放下去使麵包可以發酵的酵母」，AMIS成千上百登記入教，是巴黎外方傳教會在花蓮傳教史上的「奇蹟期」。

裴德神父沒能趕上盛況，反而在社會結構因經濟發展而劇烈變動的一九七〇年代來到豐濱鄉，讓此地成為東海岸最重要的福傳基地之一。當時豐濱鄉有「十五個AMIS部落，基督徒超過三千五百人」，是花蓮境內公共設施最不發達的地區之一，臺十一線開通不久，這條公路十分脆弱，只要遇到颱風來襲暴雨肆虐，或者落石坍方，或者路基崩壞，經常中斷，直到裴德神父就職整整十年後才鋪上柏油。

貓公溪出海口，右頁圖自北岸南望，左頁圖自南岸北望。二〇〇一。(引自 / *Les Amis dans l'Histoire- Mythes Amis* 5，一九九三。劉一峰神父提供)

90 1 12

部落家居與織布女子，Fakog，一九七六。（引自／*Les Amis dans l'Histoire - Mythes Amis* 5，一九九三。劉一峰神父提供）

如此一片土地卻是傳教士夢寐以求的好地方，從此裴德神父奔波於海岸山脈東側，北起水璉南到北回歸線，以熱情、誠懇、幽默還有驚人的記憶力，讓AMIS聆聽他以AMIS語傳遞的福音，認識他以AMIS語描述的天主。

就算是裴德神父，初到原住民族部落，也不免遇到常見的挫折，像他這樣一個來自傳統基督教國度的熱切使徒，再拚命一時之間也難讓AMIS瞭解教廷指令和教會組織結構的階序關係。他想了個辦法，在教堂牆上懸掛教宗玉照，希望教友遵從教宗與教廷至高無上的權威，可惜效果相當有限。

在資訊不發達又高度依循傳統的鄉間，陌生的訊息往往隔著一道跨不過的高欄。族人未曾見過教宗，教廷又遠在地球另一端，「多數人在可預見的未來沒有機會見上教宗一眼」應當不是過於大膽又悲觀的推斷，生活中經常接觸的教宗代理人才是部落的精神導師與權威來源，這才是現實。在豐濱，教宗的代理人是裴德神父。

如同前輩，一方面也出於個人興趣，裴德神父深入瞭解豐濱原住民族的語言與社會文化，貢獻時間與生命，投注耐心和毅力，在我們想得到的各種層面與教友密切互動。

許多以東海岸為家的AMIS、噶瑪蘭族人，之所以建立一種源自信仰的堅實聯繫，說到底都是出自裴德神父這個天主與教宗代理人的努力。

至於裴德神父本人，由於經常拜訪、觀察、紀錄和親身參與，頻繁而熱切的交流使他愈來愈像AMIS，簡直就是一個長著西洋臉孔的AMIS。

裴德神父擁有超凡記憶力，豐濱鄉全體認證，這項「超能力」讓他備受讚嘆。「沒話講。」Lo'oh說：「一個家族五代人，他記得一清二楚，一個嬰兒從出生到長大，變化那麼大，沒有天天看誰認得出來？」裴德神父看人一眼，記得一輩子，有人形容得不倫不類，說他像「鬼」，如影隨形。

Falahan（漢名葉珍秀）是豐濱天主堂的義務使徒，兼任傳道員，她說裴德神父是部落的「活字典」，人事物過目不忘，只要見過一次，無論是不是教友都叫得出名字，哪一個教友已經領洗，哪一個還沒有，都逃不過他的眼睛，發放聖體時不會放任還沒有領洗的人領取。

裴德神父叫人都叫族名。很多人平常不用族名，久而久之就忘了。這些「正宗的AMIS名字」早已寫進裴德神父的「資料庫」，就算受洗後三十年都沒進過教堂，有一天不期而遇照樣叫得出名字，順便家族點點名，阿公阿嬤父母兄弟姊妹的名字完整唱一輪。有的年輕人出外回到部落，走在路上裴德神父一見直呼其名，乍聽之下以為神父和別人打招呼，回家一問，恍然大悟，以為神父叫錯名字，原來那才是阿公阿嬤給的真正的名字。

Falahan 說裴德神父的記憶力「超乎想像」。有族人想要族譜，不是去戶政事務所，而是來找裴德神父，比戶政事務所還戶政事務所。多年後 Lo'oh 仍讚嘆不已：「你看看，這像人嗎？神啊。」

複語術

（傳教的）方法是沒有一個方法，只有按照環境，第一個工作是學語言，因為不會講話，沒有辦法傳教。

——王健神父

誠如裴德神父的好朋友田埔天主堂王健神父所言，傳教士抵達異國他鄉，第一個任務就是盡快學會當地語言。裴德神父在緬甸學會緬甸語，一到花蓮又學AMIS語，後來還為了Patrogan（新社）的教友學習噶瑪蘭語。

新社。（攝影／邱上林）

裴德神父學習各種語言，就是「國語很爛」，劉一峰神父、呂德偉神父都這麼說，他們一邊回想一邊講一邊笑。

就裴德神父對語言深感興趣學習能力又驚人一事而言，「國語爛」似乎令人費解，在熟識裴德神父的 AMIS 眼裡——或耳裡——此事絕非八卦，反而是像 Ci Lagasan（奇拉雅山，八里灣山）或貓公溪的存在那樣不爭的事實，豐濱街上人人皆知，可以說傳遍北迴歸線以北海岸山脈以東。

裴德神父上街購物——Lo'oh 記得——遇到不得不講「國語」的場合，絕對「簡單扼要」，沒有例外，「買」、「這個」、「那個」、「多少」，只講單字，很少成句。漢字寫得也不好，「完全看不懂。」Lo'oh 說，有一次裴德神父要他查找某鄰某號蔡姓人士的受洗紀錄，翻開紀錄本一看，「像蔡又像葉，只看得出艸頭，底下一團，根本鬼畫符。」

事實如此，但只要對裴德神父的記憶力和學習語言的能力有所耳聞，就不至於以為卷舌、一二三四輕聲、橫豎筆劃方塊字這幾個公認對外國人學習「國語」最不友善的障礙，足以困擾裴德神父。「爛國語」很可能是裴德神父有意識選擇下的結果，一點也不妨礙傳教工作，也從未在他與AMIS講故事聽故事時造成困擾，反正那時部落裡大家的「國語」也不太靈光，五、六十年前，東海岸相對封閉，「國語」是不折不扣的弱勢語言，在部落裡一口「好國語」可能是「反溝通」的同義詞。

天主教早在一九五〇年代初期就試著接觸臺灣東海岸，一九五二年有神父拜訪豐濱，贈送四歲以上、十二歲以下的兒童衣服一套；兩年後白光明神父自

549

en Chi Lu and Michael D. Coe
1954 An investigation of Amis Religion
Quaterly Journal of the Taiwan Museum
Vol VII: 249-262

ıen Chi Lu 陳奇錄
1958 A cultural configuration of the Island of Formosa. Bulletin of the Ethnological Society of China 2:1-10
1965 Age organisation and Men's house of the Formosan aborigines. Bulletin of the Department of archaeology and anthropology No 25/26:93-110
1968 Material culture of the Formosan Aborigines. Taipei
1968 Age organisation of the Formosan Aborigines. Proceedings VIII th International congress of anthropological and ethnological sciences 1968 Tokyo and Kyoto, Volume II, Ethnology, p. 138-139. Tokyo

en Ching Ching 陳清清
1961 The population and family systems of the Cheng Kung Amis. The Bulletin of the Institute of Ethnology, Academia Sinica 11: 7-184. Taipei

561

ships between two forms of traditional Amis organization : A symbolic perspective based on an analysis of the annual rituals of Iwan village. The Bulletin of the Institute of Ethnology. Vol : 67 55-108. Taipei.

Huang Shu Ching
1736 Fan Su liu K'ao (Enquête en six parties sur les coutumes des sauvages)
T'ai Hai Shih Ch'a lu (Inscription des enquêtes dans les mers de Taiwan)

Hualien County Government, Office of Statistics
1987 The statictical Yearbook of Hualien County, No 41 (en chinois)

Huang Teng Chung
1987 The policy of food in Taiwan during the last forty years. Taipei . (en chinois)

Huang Tien Lai(Ci To'as) 黃天來
1988 Taiwan Ami Yu de Yu.Fa 台灣阿美語的語法
Grammaire de la langue Amis de Taiwan
284 p. (L'auteur est un Amis qui a écrit cette grammaire en chinois) Fengyuan.

574

Nieh Tai Sheng 聶台生
1973 Clan and lineage of the Chenkung Amis
The Bulletin of the Frontier Policy
12:99-111

Nobuto Miyamoto
1954 Symposium of the Japanese Administration of the Aboriginal Formosa.
Ethnological studies.

Ogawa Naoyoshi
1934 Ami Goshū
(Dictionnaire Japonais -Amis. 412 p.
Taiwan Government General ,Taipei.
1944 Indoneshia Go ni okeru Takasago Go no I-chi (Place des langues de Formosa dans les langues indonésiennes) Dans :Taiheiyo-Ken(Pacific Areas. Tokyo 4 1-502

Ogawa Naoyoshi and Asai Erin
1935 Taiwan Takasagozoku Densetsu shu (Mythes et traditions des aborigènes de Formose). Taipei Imperial University

Pache A.
1964 Die religiösen Vorstellungen in den My-

587

Wei Hwei Lin 衛惠林
1953 Primary research on the age grade system of the Amis in Eastern Taiwan
Bulletin Department of Archaeology and Anthropology. 1:2-9.
1958 The Tribal institution of Ami
Taiwan article, Vol 9. No 1: 1-10 (en chinois)
1958 Lineage systems among the Formosan Tribes) Bulletin of the Institute of Ethnology Vol 5: 1-40 (en chinois avec un résumé en anglais)
1961 Matriclan and Lineage System of the Ami . Bulletin of the Institute of Ethnology Vol 12: 1-40
1964 Descent Principle and Kindred Category
Bulletin of the Institute of Ethnology
No 18:1-18
1965 Tribal Organization and Authority System of the Formosan Aborigines Societies
Bulletin of the Department od Archaeology and Anthropology. Nos 25-26:71-92 (en chinois avec un résumé en anglais)

已揹著行囊從光復爬山進到豐濱鄉，成立傳道所，讓一個傳教員住進部落，這是巴黎外方傳教會豐濱傳教之始。當時白神父在富田天主堂傳教，秀姑巒溪以北的海岸公路尚未開通，前往豐濱，翻山越嶺更快一些。一九五六年初，年近花甲的費聲遠主教在幾個年輕人護衛下，從富田啟程，跋山涉水造訪豐濱，東下分水嶺時一不小心摔滑倒地，引來一場虛驚。又過兩年，豐濱建立教堂，白光明神父擔任駐堂神父，正式揭開巴黎外方傳教會在豐濱的傳教史。

豐濱鄉是海岸AMIS的傳統居住地，至今原住民族仍佔人口組成八成以上，其中絕大多數為AMIS。每一個來到豐濱傳教的神父都必須學會——甚至精通——AMIS語，在掌握這項必備的工具前，幾乎不可能流暢地向部落的人們解說教義。

裴德神父書末列舉參考書目，部分作者的中文姓名付印前才手書補上，筆劃稚拙如初握筆的兒童。在他筆下，陳奇「祿」、黃天「來」、「聶」台生、「衛」惠林等學者專家，有的改了名，有的換了姓。(引自／*Les Amis dans l'Histoire - Mythes Amis* 5，一九九三。劉一峰神父提供)

最早抵達臺灣的巴黎外方傳教會傳教士多從中國輾轉而來——其中一大原因是遭到驅逐——他們通曉華語，如費聲遠主教和包萬才神父，不解華語者以及後來者，則前往特定機構如新竹華語學院學習。不過他們一到花蓮，馬上發現對原住民族傳教華語根本派不上用場，只好請當地人做講授教理的助手，或透過來自中國東北的修女將教理譯成日語[32]。臺灣的前殖民國語言在不得已的情況下成為中介語言，無論對法

豐濱天主堂發行的《阿眉語要理》，從封面書名下方的手寫註記，可知這本教理小冊出版於孫義勇神父任內（一九六一年至一九六二年）。戰後臺灣官方大力推行「國語政策」，在偏遠的鄉村似乎成效頗低，豐濱地區的 AMIS 仍然習慣講族語，不熟悉漢字，羅馬拼音尚未普及。為了配合 AMIS，才會在國民政府時代出現這種以日文片假名拼寫的 AMIS 語文，傳道師也提到在裴德神父以前，豐濱一度使用日文拼譯的族語經文。放眼當代原住民族語言書面化的歷程，這是一個特別又罕見的現象。（引自／「天主教耶穌會在台灣 1950-2000 傳教文獻數位典藏計畫」，https://museum02.digitalarchives.tw/teldap/2010/SocietyOfJesus/www.riccibase.com/archive/index4974.html?option=com_flippingbook&view=book&id=114%3Aa0113&catid=2%3A2011-02-20-16-13-16&Itemid=28，擷取日期：2021/09/10）

國神父還是原住民族，都是一個意外又突兀的窘況。

為了突破困境，幾乎每一個巴黎外方傳教會的神父都成為是「族語通」，潘世光神父、博利亞神父編撰AMIS語—法語雙語字典；牧全德神父[33]、牟仁德[34]神父嫻熟太魯閣語；余發光神父[35]精通布農話；沙牧羊神父講AMIS語……。有的神父通曉兩、三種原住民族語言，練就一身「複語術」，例如杜愛民[36]神父會講流利的

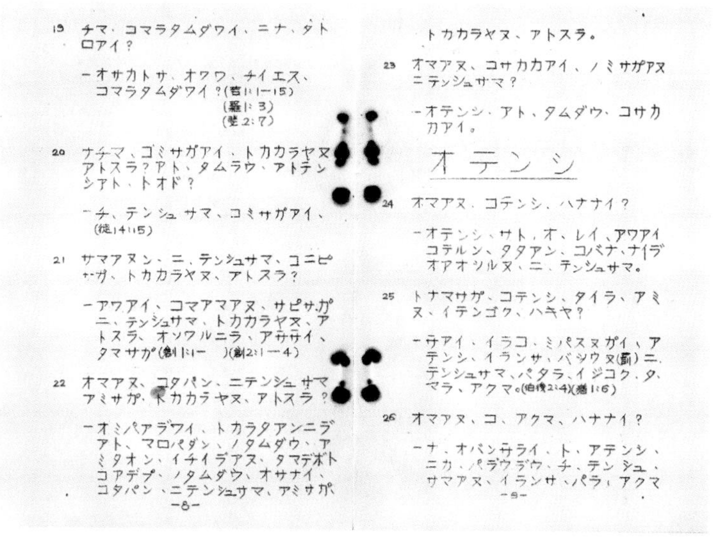

19 チマ・コマラタムダワイ、ニナ、タトロアイ？

—オサカトサ、オワワ、チイエス、コマラタムダワイ？(若1:1—15)(羅1:3)(斐2:7)

20 ナチマ、ゴミサガアイ、トカカラヤヌアトスラ？アト、タムラウ、アトテンシアト、トオド？

—チ、テンシュサマ、コミサガアイ、(徒14:15)

21 サマアヌン、ニ、テンシュサマ、コニピナーガ、トカカラヤヌ、アトスラ？

—アワアイ、コマアマアヌ、サピサガニ、テンシュサマ、トカカラヤヌ、アトスラ、オソワルニラ、アササイ、タマサガ(創1:1—　)(創2:1—4)

22 オマアヌ、コタパン、ニテンシュサマアミサガ、トカカラヤヌ、アトスラ？

—オミパアラヴワイ、トカラタアンニデアト、マロパダン、ノタムダウ、アミタオン、イチイデアヌ、タマデボトコアデプ、ノタムダウ、オサナイ、コタパン、ニテンシュサマ、アミサガ

-8-

トカカラヤヌ、アトスラ。

23 オマアヌ、コサカカアイ、ノミサガアヌニテンシュサマ？

—オテンシ、アト、タムダウ、コサカカアイ。

オテンシ

24 オマアヌ、コテンシ、ハナナイ？

—オテンシ、サト、オ、レイ、アワアイコテルン、タタアン、コバナ、ナイデオアオソルヌ、ニ、テンシュサマ。

25 トナマサガ、コテンシ、タイラ、アミヌ、イテンゴク、ハキヤ？

—サアイ、イラコ、ミパスヌガイ、アテンシ、イランサ、バソウヌ(罰)ニ、テンシュサマ、パタラ、イジコク、タマラ、アクマ。(伯後2:4)(猶1:6)

26 オマアヌ、コ、アクマ、ハナナイ？

—ナ、オバンサライ、ト、アテンシ、ニカ、パラウラウ、チ、テンシュ、サマアヌ、イランサ、パラ、アクマ

-9-

AMIS語與布農語，著有AMIS語—法語和布農語—法語兩種雙語字典；何光輝神父[37]努力學習AMIS語和布農語，晚年前往萬榮鄉紅葉村傳教，又學習太魯閣語。

裴德神父也擁有高超的——或許是最難的——「複語術」。玉里東豐是裴德神父第一次接觸AMIS語的部落，如我們所知，他在東豐天主堂大約待了一年半，就從前他在緬甸樂於且勤於學習原住民族語言的經歷來看，短短十幾個月他的AMIS語可能已經達到某種水準，所以Nakaw才說裴德神父來到豐濱時「AMIS語已經很會講了」，令村人對一個初來乍到的外國神父能和他們溝通，感到有些意外。

Patrogan在Fakog北方，一八七八年「加禮宛事件」後，花蓮市北方的加

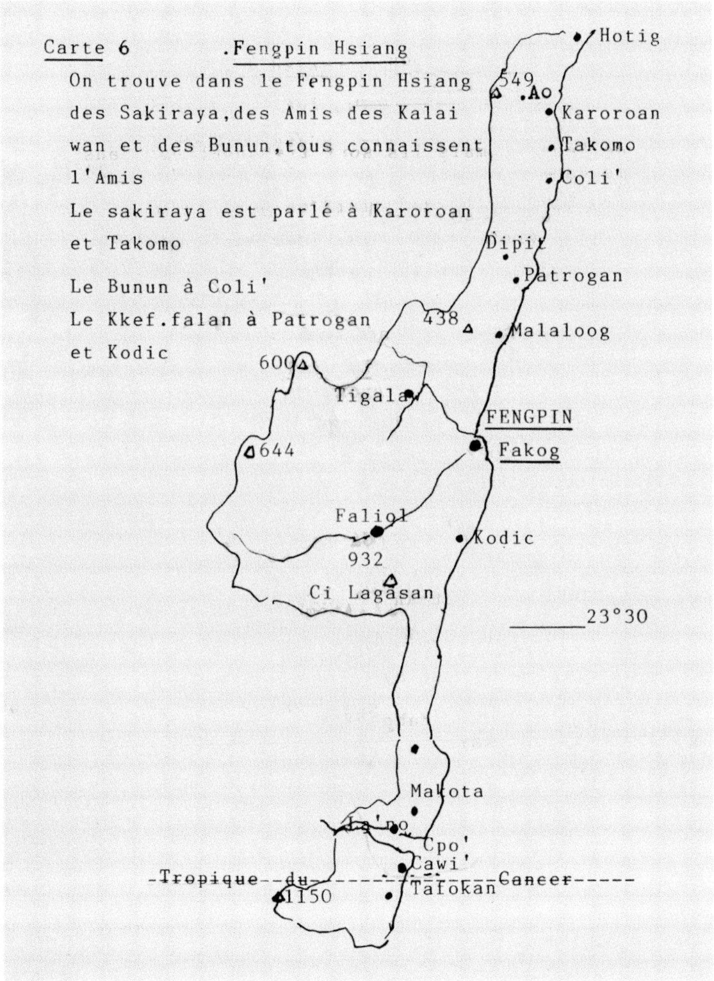

裴德神父繪製的豐濱鄉地圖。Patrogan（新社）在 Fakog 北方，兩地相距約七公里。（引自／*Les Amis dans l'Histoire- Mythes Amis* 5，一九九三。劉一峰神父提供）

新社。

禮宛（噶瑪蘭族）人流離失所，部分族人再度往南遷徙，在東海岸 Patrogan 等地住了下來，幾十年後 Patrogan 成為原居蘭陽平原的噶瑪蘭族人最重要的聚居地和文化保存地。為了東海岸的噶瑪蘭族教友——一方面可能也源於個人旺盛的求知慾——裴德神父花了一番力氣學會噶瑪蘭語。

噶瑪蘭話很難學，裴德神父認為 AMIS 語比緬甸勞圖語難，噶瑪蘭語又甚於 AMIS 語。一開始，裴德神父跟著耆老從生活用語學起，我們不知道他為這一門因歷史因素而衰微的語言耗費多少精神。如果以裴德神父來到豐濱四年就出版 *O No Amis A Tamdaw A Kimad*（阿美族傳說故事），十四年後——一九八六年——才寫成 *KKEF.FALAN*（噶瑪蘭）一書來看，可以說他為人數不多的噶瑪蘭族人投注了難以估算的心力。

耆老凋零，部分罕用的艱深詞彙隨之而去，後來噶瑪蘭族人不一定會說的族語，裴德神父琅琅上口，巫師朱阿比就說：「這個外國郎，很會說噶瑪蘭話喔，我們不會說的就問他。」後來，裴德神父又以羅馬拼音將MIISA（彌撒記事）譯成噶瑪蘭語，內容包含生活用語，除了傳教，其實更有益於噶瑪蘭語的傳承與研究。

歌是福音橋

AMIS天性愛好音樂歌唱，早年的神父透過部落人士或傳教員蒐集傳統歌謠或創作或編修，慢慢編成AMIS聖歌本。傳教員是神父傳教的助手，幾乎由族人擔任，他們歌藝驚人，做起採集傳統歌謠這樣的工作得心應手。裴德神父也曾「一家一家跟阿嬤學唱歌」，再拿傳統歌謠的旋律，填上聖詩當成歌詞。這些AMIS化的聖詠容易獲得AMIS的共鳴，人人都喜歡唱。

在一本又一本厚重有份量的聖詩歌本中，除了AMIS也有噶瑪蘭的曲調，這些「入境隨俗」的聖詩都是為了傳教而編，時代流轉，年深月久，如今

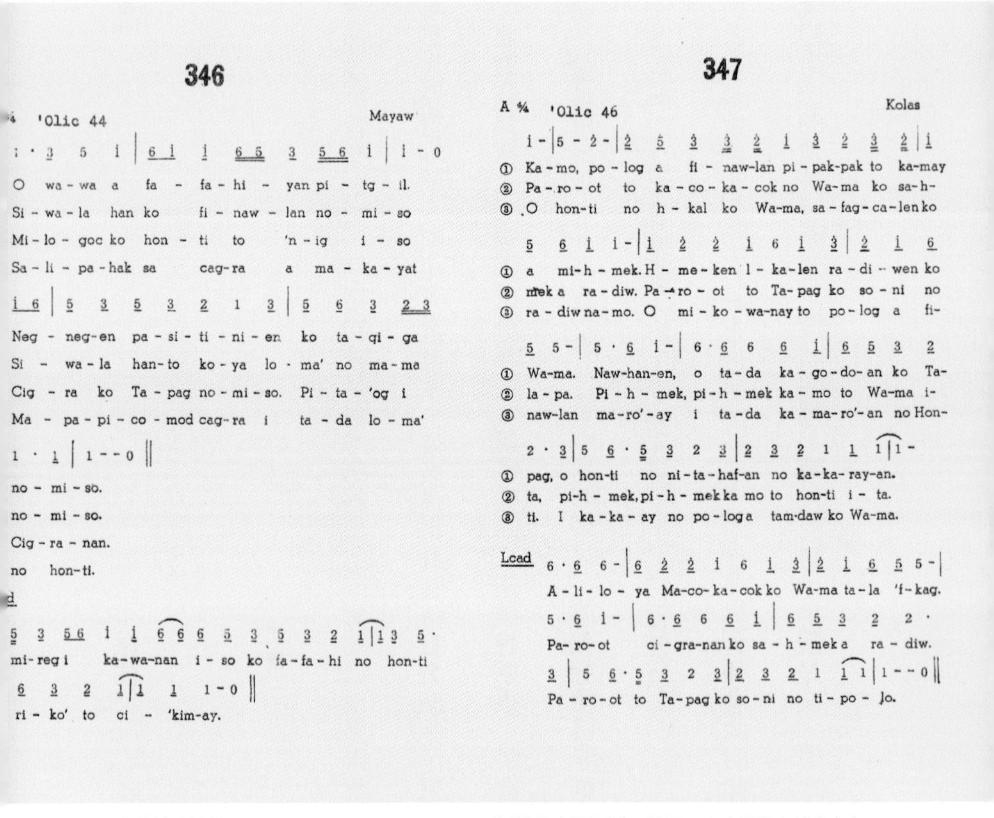

裴德神父編輯 SAPILISO’-SATOLON / ’OLIC-RADIW（祈禱書 / 聖詠集），這是一本未經天主教會官方認可的稿本（MANUSCIPTI），僅用於裴德神父所在的豐濱堂區。從歌譜右上方標記的名字，可知曲譜採集 / 創作者為阿美族人。(圖片提供 / Lo’oh 提供)

很多古老歌謠的曲調反而可以從聖歌本找到，意外保留了東海岸原住民族的音樂資產。

為了鼓勵教友理解教義，裴德神父年年舉行聖歌比賽、讀經比賽。「其他地方沒有，豐濱才有。」Lo'oh 說：「神父很愛辦這種活動。」

每一個堂口的教友都把比賽當成年度盛事，積極練習備戰，在外工作的族人也不例外，特別積極的還會拜託親朋好友製作錄音帶，有空就練唱或朗誦，比賽前一天專程返回豐濱參加比賽。有的隊伍特別訂製隊服，在舞台上一字排開，氣勢十足。每一個部落都賣力爭取榮譽，每一年的賽況都激烈，每一支隊伍也都把抱回冠軍視為唯一目標。有一次，奪冠隊伍太高興了，忍不住獎杯當酒杯，痛快暢飲，逗得裴德神父哈哈大笑。可惜獎杯只有一座，於是裴德神父另外訂製錦旗，盡量給獎，大家歡樂。

另一方面，裴德神父還教大家吟唱拉丁語聖歌，誦讀拉丁文天主經、聖母經、信經。Falahan 說：「有一次我去梵諦岡，發現儀式進行時祝頌的拉丁經文內容和神父教的一樣，只是順序不太一樣。那時我覺得住在豐濱，也沒有和世界脫節，反而可以說和國際接軌了。」

從 AMIS 語到拉丁語，裴德神父看見並借助 AMIS 愛唱歌的天性，讓秉性純樸的教友講自己的語言唱自己的歌，成功搭起福音之橋。

19 即賈士林神父，一九二七年生於法國。一九五三至一九六六年間於緬甸傳教。一九六七年前來臺灣，曾在花蓮縣卓溪鄉卓樂天主堂傳教，一九七五年起擔任卓溪鄉卓溪天主堂本堂神父，直到二〇一一年逝於卓溪。

20 即顧超前神父，一九三四年生於法國。一九六一至一九六六年間於緬甸傳教。一九六七年前來臺灣，一九六九至一九九三年於花蓮縣富里鄉富里天主堂擔任本堂神父，其後轉任「安德啟智中心」主任，直到一九九九年逝世。「安德啟智中心」為顧超前神父於一九八〇年創立，現任負責人為玉里天主堂劉一峰神父。

21 VERINEUX, André-Jean（費聲遠），*Bulletin de la Société des M.E.P.* (juin 1954) : 513（《巴黎外方傳教會公報》，頁五一三，一九五四年六月），轉引自劉壁榛，〈巴黎外方傳教會簡史與其在台灣的原住民族傳教〉，《台灣東海岸的法國牧者》。

22 Rev. Yves MOAL，一九四一年生於法國。一九六六年來臺，先後在北濱、瑞穗傳教，其後曾兩度返回法國，一九八六年再度來臺在玉里天主堂傳教。此外，劉一峰神父身兼安德啟智中心負責人，積極籌建「安德家園」。

23 Rev. Claude Louis TISSERAND，一九四六年生於法國。一九七五年來臺，曾在玉里天主堂傳教，一九八六年起擔任光復大馬天主堂本堂神父。

24 Rev. Gerard CUERQ，一九三七年生於法國。一九六四年來臺，曾在豐濱、壽豐、光復富田等地傳教，兩度擔任「旅北教友中心」主任。二〇〇六年返國，二〇一三年辭世。

25 Rev. Jean Marie REDOUTEY，一九三九年生於法國。一九六七年來臺，曾在豐濱、光復大馬傳教，兩度與顧向前神父搭檔擔任「旅北教友中心」副主任，一九八八年起接手主任，二〇〇一年返回法國，二〇一三年辭世。

26 財團法人天主教花蓮教區，《巴黎外方傳教會在台六十周年紀念》。花蓮：財團法人天主教花蓮教區，二〇一三。

27 據劉一峰神父口述，二〇二一年九月二十二日訪談。

28 〈臺灣最早期的華語教學探究——新竹天主教耶穌會華語學院（Chabanel Language Institute）〉，《華語學刊》第二十五期，頁六十六。

29 Rev. Maurice POINSOT，一九三二年生於法國。一九五九年起長住臺灣六十年，其中四十四年在東豐天主堂服務，創立「露德儲蓄互助社」，為部落居民尋求經濟出路，又與博利亞神父（Rev. Louis Pourrias）合力編纂《AMIS 語—法語字典》等工具書，讓後來的法籍神父方便學習 AMIS 語，更對 AMIS 語的書面化貢獻極大。潘神父於二〇一八年因病辭世。

30 Rev. Jean POUPON，一九二六年生於法國。一九五三年抵達臺灣，先後在光復富田、吉安田埔、玉里東豐等地傳教。白光明神父在富田傳教期間曾三度翻越海岸山脈，跋山涉水前往豐濱，每一次都自己揹負行李。一九五八年二月，白光明神父前去豐濱建立傳教區，根據巴黎外方傳教會花蓮教區記事，白光明神父「很會講 AMIS 語，是第一個前來此地（豐濱）開拓的人。」白光明神父又精通醫學，曾在豐濱創立醫務所，訓練了好幾個護士，也到家裡服侍病人。一九六二年起白神父擔任花蓮教區副主教，一九七三年至一九七四年間短暫代理花蓮教區主教，一九八七年返國，兩年後辭世。

31 劉壁榛，〈巴黎外方傳教會簡史與其在台灣的原住民族傳教〉，《台灣東海岸的法國牧者》，頁四三。臺中：國立自然科學博物館，二〇二〇。

32 一九五四年 Barreau 神父的日記，轉引自劉壁榛，〈巴黎外方傳教會簡史與其在台灣的原住民族傳教〉，《台灣東海岸的法國牧者》。

33 Rev. Ferdinand PECORARO，一九二一年生於法國。曾在西藏、中國四川傳教，一九五五年來臺，編有太魯閣語—法語詞典。一九七一年返回法國，其後前往印尼傳教，二〇〇一年於法國逝世。

34 Rev. Raoul MAUGER，一九一一年生於法國。曾在中國四川、康定傳教，一九六二年來臺，一九七六年返回法國，一九八九年逝世。

35 Rev. Marcel FLAHUTEZ，一九〇三年生於法國。曾在中國雲南、西康傳教，一九五五年來臺，他是第一位跟布農族來往的神父，費聲遠主教在《回憶錄》說這個老朋友「不但學會了他們的方言，而且精通透徹，竟寫了一本布農文法及字典，做別人學習的工具。」人稱「布農使徒」。一九七五年，於神父返回法國養病，未久與世長辭。

36 Rev. Antoine DURIS，一九〇九年生於法國。曾在中國貴州傳教，一九五七年來臺，熟稔 AMIS 語和布農語，除了字典尚編有 AMIS 口語傳說語彙文法、文化、信仰觀察筆記。一九九五年病逝法國。

37 Rev. Joseph Le CORRE，一九〇八年生於法國。曾在西藏傳教，一九五五年來臺，一九八〇年逝於法國。

豐濱：田野據點

石門附近。(攝影 / 邱上林)

回顧一九七〇年代，偏處東海岸的豐濱很難不被看成僻遠的鄉間，前往主教公署所在的花蓮市長路迢迢，這種距離感並非完全出自空間的隔閡，主要的原因在於進出不方便，一場暴風雨就足以摧毀海岸公路，阻斷往來。從前人們視中央山脈以東的花蓮為「後山」，那麼花蓮溪出海口以南為海岸山脈隔開的沿海地區一度被稱為「後山後」，也就不足怪了。

不過這一片以 Fakog（今豐濱鄉豐濱村）為中心的狹長濱海地帶，卻是裴德神父跑了三十幾年的田野，Fakog 則是傳教與研究的基地。

裴德神父視野中的 Fakog。時為一九七五年，部落住家多為傳統建築。(引自 / *Les Amis dans l'Histoire- Mythes Amis* 5，一九九三。劉一峰神父提供)

追風

從水璉到三富橋，南北五十公里，如果沒有海岸公路（即臺十一線），想必裴德神父在走路這件事情上會花掉太多時間。對他來說，海岸公路是一條意義非凡的道路，空間上貫穿他所帶領的豐濱堂區，時間上貫穿他大部分在臺灣的福傳生涯。

直到一九六〇年代中期，從花蓮市到秀姑巒溪出海口之間還沒有一條連貫而完整的沿岸道路，只有歷來居民行走踏成的步道，虛線一般勉強維持南北往來。豐濱新社間有四、五公尺寬平坦的行人道，那是日治後期拓寬的成果，新社以北仍維持古時舊貌，細小的泥土路旁叢生蔽日的雜木，小湖一帶滿布咬人狗，人們途經此地，常常被咬人狗的焮毛扎到，痛癢不已。到了親不知子斷崖緊挨懸崖，捫壁蟹行，驚險萬狀；再往北有時路狹難行，有時路徑隱約迷失，蕃薯寮至鹽寮間取道海灘，沒有固定的路基。

一九六五年，海岸公路秀姑巒溪以北路段動工修築，部分新建部分拓寬，榮民組隊用鋤頭挖路畚箕擔土，辛苦三年終於完工，石子路，遇雨泥濘，連續幾天晴日曝照，車行之後，黃塵遮天。

海岸公路全線開通後，客運車開始往返花蓮，稍微改善了東海岸居民的往來交通。坐在一個移動大鐵盒裡，一點也引不起裴德神父的興趣，照不到太陽吹不到風讓他難受，比起汽車，他更喜歡摩托車。由於必須經常奔波，往返花蓮市區路途遙遠，公共運輸又不發達，許多花蓮中南區鄉鎮的神父寧可自己開車。劉一峰神父已年逾八十，仍然每個月開車往返花蓮，還常常開上玉長公路穿越海岸山脈，載著回收站的夥伴去宜灣海邊戲水，光復大馬呂德偉神父也習慣自己握方向盤。

裴德神父不一樣，大家對裴德神父共同的印象之一就是他喜歡騎摩托車，不是不會開車，而是不喜歡汽車封閉的車廂，他不怕——反而異於常人地喜歡——風吹雨淋日曬，七十歲以後仍然騎著摩托車南來北往，幾乎天天往海邊往山裡跑，騎到沒路了才下車步行，例如很久以前的八里灣部落。

Lo'oh 記得很清楚，接受傳道師訓練期間，裴德神父常常帶著他四處跑，在豐濱堂區的十三座教堂往來見習。Lo'oh 開車，提議共乘，卻總是被打回。

「不要，」裴德神父拒絕：「我要新鮮空氣，你那個什麼車，汙染空氣，味道很難聞。」就算下雨，他也悍然拒絕 Lo’oh 的好意，舉起手翹起指節，秀出招牌招式，往 Lo’oh 的腦袋似摩似敲地來上那麼一記：「不要就是不要。」根據 Lo’oh 的觀察，裴德神父不是不通人情，更不是孤高自閉，他就是喜愛大自然，享受風拂過甚至撲上身的快感。「他喜歡追風。」Lo’oh 說。

三十幾年間，裴德神父騎上摩托車到每一座天主堂或教友家裡主持彌撒，騎車到處去訪問長者採集故事，每個月第一個禮拜二騎車去花蓮市的外方傳教會開會，順便和朋友同事聚一聚，有時取道光豐公路去光復街上影印，或專程騎車去花蓮市採買，偶爾帶回一巨瓶威士忌（Falahan 記得是黑標約翰走路）——他不怎麼喝酒，總是買來招待朋友或教友。

裴德神父的 YAMAHA SR150 和他的 AMIS 徒弟 Lo'oh。

三十幾年間，裴德神父換過好幾輛車——可以想像每一輛累積的里程都很驚人——跟馬優神父（Rev. Michel MAILLOT）年輕時愛騎的哈雷（HARLEY-DAVIDSON）不一樣，裴德神父中意的車款是臺灣常見的一百五十 CC 國民「武車」，四檔或五檔，左手離合器，右手煞車，實用，耐用。Lo'oh 收藏了一輛裴德神父汰換下來的老 YAMAHA，細心保養，出廠三十年還能上路，堪稱「會動的文物」。

海岸公路開通十年後，公路局進行改善工程，單線拓寬成雙線，鋪設柏油，歷時四年，一九八二年完工，這時綿長的東海岸才算擺脫「後山後」的交通困境。在此之前，裴德神父在這條沿著海岸開築的石子路騎了十年，吹了風，追了風，還吃了不少土。

海岸公路脫胎換骨，儘管稱不上安全無虞，車行便利是毫無疑問的。上了年紀了的居民說起從前，光是新社到花蓮就要整整走上一天，如今不用一個小時。海岸公路是一條通往外界的新通道，對豐濱鄉民發揮了莫大的「負引力」，人口外移的速度與車行速度成正比，一九六六年，海岸公路動工滿一年尚未通車，當時豐濱鄉有一萬四千六百人，是歷來巔峰，此後人口開始流失，且逐年加劇：一九八一年八千七百人，一九九一年七千六百人，二〇〇一年六千三百人，二〇一一年四千八百人，二〇二一年九月底四千三百人。

豐濱鄉人口快速流失，裴德神父目睹且身歷其境，那幾乎是臺灣現代化資本化歷程中每一個偏遠鄉村共同的遭遇。部落居民很難繼續完全依賴土地生產所得來維持生活，鄉人從一九七〇年代起大量遷往北部西岸的大城市謀求生路，進入製造業、營造業與服務業。至於漸漸為現代資訊圍繞的年輕人，城市猶如夢想所繫之地，多數人渴望另一種生活，期待更寬裕的生活環境。現代都市生活美好的那一面，往往意味更富裕的物質，如此絢麗如此耀眼，與部落的生活方式如此不一樣。

從石子路騎到柏油路，裴德神父注意到東海岸原住民族部落社會的變化，為此他感到憂心。只要翻開裴德神父關於福音以外的著作，我們很難將以下的敘述僅僅視為想像：

一如往常，裴德神父騎車馳騁於海岸公路，往北大海在右手邊，往南那一片蔚藍在左手邊，不過——由於速度——風總是迎面而來，總是令他感到無比暢快，此地的風既是藍色又是綠色，有海潮的氣息也有山稜的味道。

然而，時代的風吹進部落，帶走的人愈來愈多。裴德神父的記憶力超乎每一個相識者的想像，他知道每一個生活或出生在此地的AMIS的名字——無論是不是教友——他愈來愈少見到那些名字所指稱的人，當然，他一直記得名字，只要見到就叫得出。裴德神父覺得有必要催緊油門，不是追求也不是貪圖更痛快的風，而是必須抓緊時間，為了研究AMIS的

八里灣部落。(攝影／邱上林)

歷史、傳統和習俗，紀錄AMIS的傳說和故事，固定萎縮的詞彙，安頓朋友們的神話。

裴德神父愛追風，因為更暢快更自由，卻也讓他像一顆停不下來的陀螺，「每天行程滿檔，」在Lo'oh眼裡，「沒有比他更忙的人了。」

以故事換取故事

巴黎外方傳教會的神父似乎在豐濱建立一項傳統，即精通AMIS語，這項傳統可以溯自白光明神父。費聲遠主教在《回憶錄》提起對白光明神父最初的印象：

……巴黎派來了支援軍，白光明神父與徐光亮神父（Rev. Etienne ZALDUA）在白冷會的神父抵達後第十天（一九五三年十月十六日），也來到了花蓮。……新傳教士剛到此地，所有的印象，一般說來都非常好，隨著歲月的川流，漸漸會淡下去，可是白、徐二位神父卻永遠保持著美好的心情。我對他們認識越深，越欽佩他們。原來他們二位是那年巴黎派出神父中之佼佼者，他們學習國語，山地話，適應環境，在在顯示著青春活力，預示著將來他們各自的光明前途……[38]

白光明神父後來擔任花蓮教區副主教，住在花蓮市主教公署，那一段期間他負責監督翻譯AMIS語禮儀書。將西方天主教歷時千年形成的宗教禮儀和義理譯成地球另一邊的南島語文，無論怎麼看都是一項艱鉅的任務，其對象是AMIS。徐光亮神父、博利亞神父、潘世光神父、杜愛民神父等人致力於編纂AMIS語字典，則是為了幫助後來的神父減少摸索的工夫，盡快學會本地語言。總而言之，這兩項與文字相關的工作都屬於福傳的「事功」。

裴德神父的貢獻突出之處與他的同事不太一樣——當然他也替豐濱鄉的族人編纂教義、詩歌等用書，甚至一再改版修訂——努力的方向也和多數神父

一九五三年十月十二日，白光明神父（右）與徐光亮神父在基隆法國公墓，幾天後他們就到了花蓮。（引自／*Les Principaux Mythes de l'Ethnie Amis* 3，一九九〇。劉一峰神父提供）

不一樣，透過採訪、參與、錄音、攝影、筆記等各種方法，裴德神父盡力紀錄AMIS的歷史、神話、傳說、習俗、傳統和現況——莫德明神父[39]早在裴德神父之前就採集AMIS的起源傳說，但規模較小，也不是一項持續性的工作——可以說更全面更深入地觸及AMIS的文化肌理。

AMIS都知道裴德神父奔波採訪，把老人家講的故事寫下來，為什麼要做這些事情，AMIS也不太清楚。「裴德神父對我們的文化很有興趣，」Falahan說，「可是不知道他的目的。」根據裴德神父自己的說法，全面認識AMIS的歷史、傳統、文化，目的在於拓展教務，他說：「要是不知道教友的文化，很多麻煩。」

一開始，裴德神父研讀所有到手的文獻——以西方語言為主，包括翻譯成英文的日治時期文獻——也參考前輩採集的成果，例如援引白光明神父關於北部AMIS起源神話的著作以及他拍攝的照片。

眾所周知，裴德神父為人風趣、好客，喜歡和人聊天，經常主動出擊獲取故事，經常把「你們不懂的來找我，我不懂的我要跟你們學習」這句話掛在嘴邊，而且確實奉行。為了順利達到目的，有時候裴德神父會使出「善意的秘密武器」，讓人不知不覺樂於滔滔不絕，這個「武器」就是「用故事交換故事」。

「族人上山種田，有時鋤草，有時拔花生，裴德神父有空也會去幫忙。」Lo'oh說：「神父一邊動手一邊講故事，大家都喜歡聽他講法國的故事。聽完故事，老人家不服輸，心想我也有，於是開始大講AMIS的故事……裴德神父就是靠這個『圈套』聽了不少故事。」

Makota，港口部落。（攝影／邱上林）

當然，世事不總是順如人意，尤其頭幾年。一九七四年、一九七五年間，裴德神父忙著到處採集故事，有一天他來到 Fakog 南方不遠處的 Makota（港口）部落，向 Tagay 請教有沒有故事可說。Tagay 出生於一八九八年，當時已年近八十，不會沒有故事可說，不過裴德神父碰了軟釘子，只得到一個明快的「不知道」。八年後，有一天 Tagay 突然走進裴德神父的寓所，一坐下劈頭就說：

我來講故事給你聽。

裴德神父得到豐碩的收穫，他聽到另一個版本的 AMIS 起源傳說，以及「糟糕的 Kafook 的舊事」。在 Tagay 口中，傳奇青年 Kafook 與一般認知相當不一樣，他是「一個糟糕的年輕人，要不是 Kafook 的行為，就不會有什麼（壞事[40]）」。幾年後 Tagay 又為裴德神父講了幾個故事。

裴德神父懂得如何利用傳教之餘的閒暇時光與部落長者共處。他們之中有的是古老歌謠與神話故事的守護者，有的是口說文學的行家，有的是悠久傳統的後繼者，裴德神父則適時發揮了詢問、傾聽、紀錄的過人才華，到處邀約頭目、長輩講故事，一邊聽一邊拚命筆記。

「就跟人類學家的田野調查一樣。」Falahan 說道：「港口、新社、立德、八里灣、豐濱、奇美……，跨上摩托車，有路騎到沒路，到不了的地方就走路。」

很久以前八里灣道路未通，裴德神父徒步、渡溪、溯溪，一點也不以為苦。他也喜歡參加 AMIS 的祭儀，總是趁機紀錄祭儀的步驟、穿著的服裝……等跟一切與祭儀相關的細節，遇到不明白的就問到清楚。

從裴德神父身上，我們看見一名傑出的民族學家，一襲懷有傳教士熱情的身影。如果說福音是裴德神父留給AMIS的遺產，那麼他以l'histoire（法文「故事」）所換取的kimad（AMIS語「故事」），後來又透過紙頁還給AMIS，使其得以繼續擁有祖先的遺產。

裴德神父看見、聽見的描述和故事，那些自古以來以口語流傳的神話傳說，透過筆端在紙上蟄伏了三、四十年。如果它們可以像穿透時光的回音，成為AMIS探尋固有文化的線索之一，裴德神父應將感到欣慰。

奇拉雅山

Ci Lagasan，奇拉雅山，又稱貓公山，地圖上標示為八里灣山，臺灣小百岳之一，海岸山脈北段最高峰，從海上遙望，突出特立，山形偉壯。

Ci Lagasan 自古就是AMIS的祖靈地，在族人心目中據有不凡的地位。Tafalog（太巴塱）傳說，AMIS的祖先原居南洋某處，由於發生大洪水，一家六口四散逃難，一對兄妹 Doci 和 Rarakan[41] 跳進大臼隨波漂流，幾個月後看到一座小島，兩人努力划過去靠岸，洪水中的小島就是 Ci Lagasan 山頂。洪水退去後，兄妹結為夫妻，生下的孩子遷移各地，成為AMIS的祖先。除了太

裴德神父從 Fakog 看見的 Ci Lagasan。(引自 / *Les Principaux Mythes de l'Ethnie Amis* 3，一九九〇。劉一峰神父提供)

巴塱，包括 Kiwit（奇美）、Na Tawran（荳蘭，今田埔）、Cilasoan（七腳川，今吉安），各地的 AMIS 都有類似的傳說，都尊 Ci Lagasan 為聖山。

「每一個 AMIS 一輩子都會攻頂一次，」Falahan 說：「不管臺東還是花蓮，只要是 AMIS 的子孫一定都會爬一次。」要爬上 Ci Lagasan 不是登天難事，卻也不輕鬆，一般從八里灣溪旁的登山口上山，單程約五公里，淨爬升八百六十公尺，從前路徑閉塞，草木茂盛，螞蝗遍生，如今山徑經過整修，步道寬廣，路基明顯，雖然不至於令人卻步，不過沿途涉溪又費時，可以說是一項挑戰。

裴德神父自認是 AMIS，當然也上山朝聖，不只一次，而是好幾次：

> Ci Lagasan 在 AMIS 是最著名的山峰，幾乎所有的神話都提到大洪水之後的兩個倖存者，一個哥哥和一個妹妹，他們在這座山登陸。Ci Lagasan 位於花蓮以南約七十公里處的 Fakog 境內，從 Fakog 爬上海拔九三二（九二二）公尺的山頂大約需要四個小時。
>
> ——*Les Principaux Mythes de l'Ethnie Amis 3*

從前山頂有一個林務局工作人員，他是 Fakog 部落的長輩，一年四季都在山頂，對 Ci Lagasan 一帶知之甚詳。裴德神父好幾次上山訪問——Nakaw 說神父探問的應該是 Ci Lagasan 附近地形、地質之類的訊息——還曾經在山頂過夜。

我們不難想像裴德神父在 Ci Lagasan 過夜的情景：入夜後，營火燃起，火

LA HOLAM

Sral是AMIS男子的年齡階級制度，為建構與穩定傳統AMIS社會的重要機制，像裴德神父這樣一個外國男子，來到Fakog時又已屆中年，「半途插隊」成為sral的一員，前所未聞。AMIS的寬厚令他無比意外。

一般而言，AMIS男子到了十三、四歲就進入集會所接受知識、勞務、軍事等訓練，二至五歲組成一個階級，共同居住、生活、學習。每一個sral都必須嚴守分際，如軍隊般嚴厲，不許發生脫軌之舉，否則輕者處以嚴厲的體罰，重者服勞役或繳交牛隻財物，甚至驅逐出境任其生滅。不同的sral負責不同的部落事務，例如造橋、開路、守夜、農獵、負擔祭典費用甚至對外戰爭，將近一百五十年前「大港口事件」中，帶頭反抗清軍的青年 Kafook 就屬於「La Tafok」這個 sral。

每一個 sral 都有一個專屬名稱。有的部落使用「襲名制」，如南勢 AMIS 循環使用九個傳統級名。東海岸的 AMIS 採用「創名制」，通常以年度重大事件來為該年組成的 sral 命名，例如遇到日本時代來臨的 sral 稱為「拉日本」、碰到民國時代來臨的 sral 稱為「拉民國」，適逢電腦時代的 sral 就叫做「拉電腦」……。透過「創名制」產生的 sral 名稱具有時代特色，可以窺見部落的共同記憶，如同特定事件必將成為歷史，一旦某一 sral 的成員全數離世，該 sral 名稱也隨之消滅，不再使用。

AMIS男子於青少年時期成為sral的一份子，裴德神父加入sral時超過四十歲，而且循著「非正規管道」，這個不可思議的人生插曲發生在一場Ilisin——裴德神父譯作「la fête des moissons」，即「豐收節」，一般熟悉的說法是「豐年祭」——那是半世紀前的往事，從那個時候開始，裴德神父的AMIS民族學研究逐漸累積成果。

一九七三年，Fakog的Ilisin始於八月八日，當時裴德神父來到此地第二年，還在熟悉這個太平洋濱的部落：

從一九七二年九月到一九七三年八月，我在豐濱工作期間仍繼續研習AMIS文化。

Fakog 年齡階級 La Sana 成員，攝於一九五四年。La Sana 比裴德神父所屬的 La Holam 年輕一級，其成員出生於一九三一、一九三二及一九三三年，傳道師 Lo'oh 的父親即為其中之一。（引自／ *Les Principaux Mythes de l'Ethnie Amis* 3，一九九〇。劉一峰神父提供）

剛好裴德神父新婚的弟弟保羅（Paul）夫婦遠從法國前來探望，預定抵達花蓮的日期和 Ilisin 同一天，裴德神父打算去花蓮接機，不料颱風攪局，大雨不停，飛機無法降落花蓮機場，原機折返台北。失望之餘只好回去豐濱，想不到隔天飛機順利落地，裴德神父總算見到久違的弟弟。

Ils sont là, quelle joie !!!

他們到了，太高興了！

裴德神父親手寫下這股無上的喜悅，歡欣之情溢於言表。他們三人上了計程車，一同喝了咖啡，和田埔天主堂王健神父見了面，閒話家常。臺十一線受颱風影響，路況甚劣，儘管如此他們還是趕回豐濱，花蓮市民國路天主堂的良如柏神父也來訪，大家聊開了，十分盡興。

或許受到 Ilisin 節慶氣氛的感染，裴德神父覺得自從 Ilisin 開始以來，好事一件接一件，和從前在緬甸一起傳教的夥伴敘舊，親愛的家人來訪，最出乎意料的驚喜是他竟然獲准加入 sral。

八月十日，Ilisin 第三天，一九二八、一九二九、一九三〇這三年出生的 sral——La Holam——一致決定讓裴德神父成為他們的一份子。為此，十個 La Holam 的成員和他們的妻子準備了豐盛的飯菜，齊聚裴德神父的寓所，一起慶祝並享用佳餚。飯後大家往跳舞場走去，裴德神父的弟媳婦克麗絲蒂安（Christiane）迫不及待穿上 A M I S 傳統服裝，可惜突來一場傾盆大雨，澆熄了盛會的樂趣。

La Holam 的接納是一個難以想像的大驚喜。裴德神父和 AMIS 相處了三年，在傳教之餘發揮所學盡力去理解他們，當時他「知道 sral 確實存在，但並未確切理解其意義。」無論如何總是得論資排輩，裴德神父一九三〇年出生，歲數最小，最後一個加入，資歷最淺——嚴格說來毫無資歷——是最嫩最「菜」的 La Holam，儘管已經四十三。

「我爸爸的 sral 是 La Sana，La Holam 比 La Sana 還高一級。」Lo'oh 說：「Holam 就是荷蘭人。」一九二八年至一九三〇年在 Fakog 出生的 AMIS 男子，於二戰告終後組成 sral，當時最大的事件就是國民政府來臺。東海岸的 AMIS 知道有人來接收日本政權，但不清楚什麼人，唯一肯定的就是他們跟三百年前的荷蘭人一樣，都是外來者。「那麼，新的 sral 就叫 La Holam 吧。」幾年後，Makota 也用 Holam 來為新的 sral 命名。

為了慶祝 sral 加入新成員，La Holam 的兄弟們決定來一場殺豬宴：

> 八月十一日，我所屬的年齡階級 La Holam 的成員找我去參加一場殺豬聚會。對我來說，這是我第一次和非基督徒（des non chrétiens）一起參加這類活動，這讓我感到不很自在，尤其保羅和克麗絲蒂安的問題五花八門，根本不知道該怎麼回答。

裴德神父如此記述加入 sral 的經歷。獲得 AMIS 接納就像跨越 AMIS

manger ici à la résidence le repas préparé par eux. Malgré 3 ans de présence chez les Amis et malgré mes recherches ethnologiques je n'avais pas saisi exactement à quoi correspondaient ces classes d'âge dont je connaissais pourtant l'existence. Après le repas (et les discours), nous allâmes sur la place des danses, Christiane avait revêtu le costume Amis mais une pluie torrentielle enleva le plaisir de la fête.

Cependant je m'aperçus que j'étais intégré au village, car on me fit danser avec mon groupe d'âge et dans l'ordre de doyenneté, j'étais donc le plus jeune et dernier du groupe.

Le 11 août 1973 les membres de ma classe d'âge appellée: La Holam, vinrent me chercher pour participer à la fête du groupe qui tuait un cochon. Pour moi c'était la première fois que je participais à ce genre de chose avec des non chrétiens, j'étais plutôt mal à l'aise d'autant que Paul et Christiane me posaient diverses questions auxquelles je ne savais quoi répondre.

Ainsi par exemple la viande toute chaude et toute crue du cochon tué était installée sur une table, et on nous en offrait à manger telle quelle avec eux.

Je réussis à dire qu'on préférait s'en abstenir ... et on ne nous força plus à en prendre ... !!!

社會的門檻，要跨過這道門檻並不簡單，裴德神父花了三年才「進入」部落，看起來甚至有些狼狽，直到這一刻他才敢說：

> 我意識到我融入了部落。

裴德神父在驚喜中成為 La Holam 的一員——本來他就是來自法國的「Holam」——從此得以在傳教之外真正展開在臺灣東海岸的民族學研究。三年後，裴德神父首度寫成 *O No Amis A Tamdaw A Kimad*，他在〈工作記事〉寫道：「一九七三年底，好運臨門，讓我得以蒐集到本書三分之二的神話故事。」那時他對 AMIS 的歷史文化已有所理解，大致掌握了 sral 的意義與社會功能：

一九七三年 Ilisin 期間，裴德神父獲得 AMIS 接納成為年齡階級的成員，直到此時他才真正融入部落成為其中一份子。在二〇〇四年的手稿裡，裴德神父詳細而生動地回憶了當年加入年齡階級的始末，及隨後與他所屬的年齡階級成員互動的情景。(引自 / 裴德手稿，Le moi des fêtes des moissons à Fengpin en 2004。巴黎外方傳教會提供)

從十八歲開始，男人被分成不同的年齡階級，即 sral。其傳統因部落而異，在（花蓮）北部，七歲為一個年齡階級，其他地方為二歲、三歲或五歲。

年齡階級的成員即兄弟、朋友，根據每個部落的傳統，共同為部落利益努力。每兩年、三年、五年或七年，頭目會接納一個新的年齡階級，每個階級的職務將隨之變動。年輕

Na Tauran（荳蘭／田埔）的豐年祭，彭光遠神父攝於一九五四年九月十二日（左圖）及一九五五年九月九日（右圖）。（引自／*Les Principaux Mythes de l'Ethnie Amis* 3，一九九〇。劉一峰神父提供）

人中年齡最大的階級，也就是三十八至四十二歲者，負責帶領所有年輕人從事部落各項活動。

根據這段描述，裴德神父一進入 sral 就跳過「青年層的領導階層」，直接入列地位崇高的「長老階層」。

一九九〇年，裴德神父再次出版同一系列著作，透過訪談取得 Fakog 和 Makota 這兩個古老部落自十九世紀中葉以來所有 sral 的名稱。這一份名單前後歷時超過百年，無疑是一件珍稀且貴重的資產，而這是一個遠來的「Holam」在劇烈變動的時代裡勤謹辛勞工作的成果。

十個在地的 La Holam 張開雙臂，擁抱一個不折不扣的 Holam，這是罕有的廣闊胸懷，如此大度的接納並不常見。

一如以往，一九七三年夏天，炙熱的東海岸歡度Ilisin，裴德神父參與其中，一定十分慶幸他的工作正一步一步邁向豐收。

移動的盛宴

一九七〇年八月裴德神父抵達玉里東豐，正式展開轉進臺灣以後的傳教生涯。他在此地遇見ＡＭＩＳ和Ilisin，當時Afin部落正值Ilisin期間，可惜沒能一開始就趕上盛宴。

Ilisin不是在特定某一天所有ＡＭＩＳ一起慶祝的「節日」，部落依據收成來決定Ilisin何時舉辦，南方收成早，Ilisin也早。一到夏天，東臺灣的ＡＭＩＳ部落一個接一個舉行Ilisin，由南而北，就像一場流動的盛宴。

在東豐待了整整一年，裴德神父觀看了好幾場Ilisin，但當時「我正在學習

Ilisin，Fakog，一九七九年八月八日。（引自 / *Les Amis dans l'Histoire - Mythes Amis* 5，一九九三。劉一峰神父提供）

AMIS語，不太了解（Ilisin的）規矩。」一九七一年八月二十日，裴德神父來到東豐以南約七公里的Antung（安通），敏銳的觀察力讓他看出此地的Ilisin和其他部落大不相同，於是請教同行的AMIS傳道師：「這裡的Ilisin跟別的地方不一樣嗎？」傳道師說：「這不是真正的Ilisin。」

我又問：「真正的Ilisin有什麼規矩？」

他回答：「跟你講也沒用，你們外國神父什麼都不懂。」！！！

裴德神父在二〇〇四年的Ilisin記事手稿裡特別提到這件往事，連畫三個驚嘆號，顯然對多年前AMIS傳道師奇特的反應仍然感到錯愕不解。

一九七二年六月間，來到豐濱大約五個月，裴德神父的「AMIS語開始說得有點樣子了，但僅限於一般性的AMIS語，不是神話儀式上或文化上的……」

當時離Ilisin還有一段時間，部落裡的泛靈論者領袖（des leaders animistes）來找裴德神父，小心翼翼問他對Ilisin的立場。裴德神父回答：「那邊（海岸山脈西側）的天主教徒參加了Ilisin，但不參加其他泛靈論者儀式。」

「裴德神父認為教會要跟部落連結在一起，他自己也很喜歡參加Ilisin，很愛跳舞。」Lo'oh說：「以前基督教和真耶穌教會不參加部落的儀式，譬如說豐年祭、海祭，各種有祭司的儀式，基督教全部都否定，唯獨天主教，會跟部落打成一片，會參加豐年祭。」

天主教義與傳統文化的關係，傳教士該如何拿捏，自從第二次梵諦岡大公會議（IIe Concile Œcuménique du Vatican，一九六二至一九六五）落幕那一刻起就不再是個問題了。「梵二」是第二十一次也是距今最近一次天主教大公會議，前後歷時超過三年，這場歷史性會議最重大的決議是認同「利瑪竇規矩」[42]，尊重福傳地區的傳統，在地的文化習俗可以與天主教相容，也可以互相援引。裴德神父還在緬甸時就已經實踐了「梵二」的決議，他在離開哈納寧前最後幾件事之一，就是按照天主教禮節和傳統的勞圖儀式為他的傳道師舉辦婚禮。

在一次訪談中[43]，裴德神父特別談到，不管是AMIS或噶瑪蘭族，都鼓勵文化上的「豐年節」，教會每年也會舉辦望彌撒祭天主，祈求來年再度豐收，唱歌跳舞歡慶豐年，但不可給敬拜其他神靈（kawas），那有違唯一天主的教義，希望教友別再去找巫師，也希望巫師不要再替教友主持儀式。

一般而言，天主教更能接受及欣賞部落的文化。Lo'oh 說，只有天主教敬拜聖母瑪利亞，敬拜瑪麗亞的意思就是敬拜祖先，因此天主教不排斥 AMIS 敬拜天地祖先的傳統。Falahan 記得裴德神父十分尊重 AMIS 敬重長者的傳統，主持喪禮後總是先詢問族中長者有沒有話要交代。

由於使命使然，豐濱地區的 Ilisin 從一九七二年起開始有了天主教色彩。剛到豐濱頭一年，裴德神父去拜訪「南方的瑞士同事」彭海曼神父（Rev. Hermann BRUN）和池作基神父（Rev. Meinrad TSCHIRKY），所謂南方就是臺東，天主教花蓮教區包含花蓮縣與臺東縣兩個行政區，後者由瑞士白冷外方傳教會（Societas Missionaria de Bethlehem，SMB）負責。彭海曼神父和池作基神父對於將天主教的精神融入當地文化相當有經驗，他們為「天主教式豐年祭」制定通行的祈禱文，還為「詩篇六十四」配上豐年祭的歌謠旋律，彌撒之後穿著AMIS節慶裝束的教徒走出教堂，一邊跳舞一邊歌唱詩篇六十四。

「這很了不起。」裴德神父大為讚賞，並受到啟發，馬上與傳道師Agaw聯手改編連禱文（les litanies），配上Fakog部落Ilisin詠唱的古老旋律，從此只要Fakog舉辦Ilisin就會唱這一首「AMIS式聖歌」，這個活動融入Ilisin，成為傳統，從一九七二年起不曾間斷，至少持續到二〇〇四年裴德神父的最後一場Ilisin。

由於樂於參與又深入研究，三十多年來，裴德神父對AMIS的祭典頗有心得，哪些部落舉辦傳統的Ilisin，他一清二楚：

> 在我負責的豐濱區，有四個村子保有豐年祭的古老風俗：Fengpin（豐濱村）、Makota（港口村）、Karoroan（磯崎村）、Cawih（靜浦村）。天主教徒在Malaloog（東興）、Tigalaw（丁仔漏，今豐富）和Patrogan（新社）這三個地方的天主教徒舉辦為時一天的收獲慶祝，其他村莊什麼也沒有。

「神父真的很愛AMIS的節慶，尤其是Ilisin。」Lo'oh記得裴德神父總是隆重穿上傳統服裝，提早去會場，就像渴望遠足郊遊的兒童般翹首期待，從不厭倦，每一次都像第一次那樣感到新鮮。

> 在Cawih、Makota和Fengpin，我在某些日子參加傳統舞蹈，特別是這三

個部落，我很欣賞這三個部落的風俗，第一天晚上八點左右開始跳舞，只有男人，半夜吃一頓飯（豬肉），然後一直跳到隔天清晨七點。

隨著年歲增長，裴德神父對節慶的認識愈來愈深刻且全面，這種「進展中的理解」具體展現於一系列著作。

一九七六年，*O No Amis A Tamdaw A Kimad* 首度問世，對 Ilisin 的介紹相當簡短，僅百來字，後來的著作提到 AMIS 各種傳統文化，例如舞蹈，不但將 Ilisin 的舞蹈與日常性及宗教性舞蹈區分開來，還說明每一個部落的 Ilisin 舞步都不一樣：

裴德神父（左一）每一年都參加 Ilisin，每一年都與族人共舞。於豐濱鄉豐濱村河濱公園，二〇〇〇年左右。(圖片提供／ Lo'oh)

每一個部落每年都會舉辦 Ilisin，每個部落都有自己的舞蹈，那些古老的舞蹈保存得非常好。

——*Les Principaux Mythes de l'Ethnie Amis 3*

裴德神父在書裡還收錄了一份珍貴的文件，即一九七二年 Fakog 部落的 Ilisin 祝禱辭。這一場祈禱始於耆老 Li'ay 呼喚開創 Fakog 的先祖：Poleg、Arcag、Facidol、Soir、mako Soir、Dogi、Caglah、Pokog、Krag、Tro'、Caglah。

我們，部落的老人和年輕人，為你們歌頌——祖先啊，天神 Malataw 啊，

請從天上照看我們——祖先啊，請保護我們——祖先啊，請滿足我們所

需——祖先啊，請照顧我們——讓部落的青年和姑娘變強壯——願你，小米和大米，於西山繁榮昌盛——請讓我們的芋頭和地瓜生根發芽——如果天上有豬的食物，請令其向東向西向北——祝福部落的年輕人——願他們在任何地方都是領先者——請賦予他們力量，令其比鹿和熊更強大——祖先啊，請讓他們強壯——祝福所有人——請讓他們時時活力充沛——我們的青年和姑娘。（一九七二年八月十九日，夜）

——*Les Principaux Mythes de l'Ethnie Amis* 1

Les Amis dans l'Histoire - Mythes Amis 5（阿美族的歷史與神話‧五）集裴德神父的AMIS研究之大成，提到節慶祭典時，Ilisin自成一節，以整整七頁

O NO KAILISINAN A TOLON ato

No. 91

I paradiparadiwan.
Hay a kita o lofag .
Hay, kcoren kami mama.
Hay, mama no Malataw .
Hay, sinawnawen kami mama.
Hay palahkeren kami mama .
Hay, sadipot namo mama .
Hay, pa'cek ko kapah no niyaro' ato limocdan.
Hay , pahafay ato panay.
Hay, sokdapen no'tipan a lotok.
Hay, salamitan no tali ato koga.
Hay, ano ira ko midapot i karayan.
Hay, pakawalien, paka'tip, paka amis.
Hay, sawaciwac namo mama.
Hay, a mitapi ko kapah no niyaro'.
Hay, a pakitikoren, pakigorosen.
Hay, a salitodog no kapah no niyaro'.
Hay, ano cay korihen no malonem ato tomay
Hay, koronen namo mama.
Hay pakaloman , pakaropdan ko kapah no niyaro'
Hay, patada'ocen paooren namo.
Hay, to kapah ato limocdan.

Ci Li'ay, Fakog 1972

Fakog 耆老 Li'ay 的 Ilisin 祝禱詞原文（引自 / *O No Amis A Tamdaw A Kimad* 2，一九七六。豐濱天主堂提供）

篇幅詳細解說這項意義重大的祭典。裴德神父開宗明義指出：「Ilisin 是非常重要的 AMIS 節慶，幾乎是 AMIS 文化的總結。」他不是第一個記述 Ilisin 的研究者，卻是第一個或許也是唯一一個持續超過三十年的在地觀察者、參與者與愛好者。

裴德神父試著追溯 Ilisin 的源流，從一六四一年十一名 AMIS 頭目跋山涉水前去臺南拜訪荷蘭人的往事談起，可惜當時的紀錄並未提及 AMIS 有沒有 Ilisin 這個節慶。關於 Ilisin 的歷史，他的結論是：

……藉由口述傳統和神話傳說文本的相互印證，我們認為目前的 Ilisin 傳統至少可以追溯至十九世紀初。

可能有很長一段時間，Ilisin 排除女性參與；最晚從二十世紀初開始，女性可以在 Ilisin 其中一天跳舞慶祝。大約一九七〇年以來，許多部落准許婦女在第二天或第三天參加舞蹈，但仍有少數部落對婦女參與 Ilisin 的願望有所壓抑。

——*Les Amis dans l'Histoire – Mythes Amis 5*

細膩、保守的描述，學術氣息濃厚，但可能與今人一般對 Ilisin 是一項古老的祭儀這樣的認知不太一樣。如果不是長年持續不斷的研究、關注，恐怕不容易注意到所謂的傳統，實際上可能隨著時間的流動而變動——尤其臺灣原住民族的文化於二十世紀經歷巨大的挫折、壓抑與變遷——裴德神父的一手觀察與記述就像一條連結深闊斷層的紐帶，又如一座接續現代與半世紀以前的記憶之橋。倘使如裴德神父所言，Ilisin 具體而微地展現了 AMIS 文化，那麼他的著述不失為今人重拾 Ilisin 傳統的途徑之一。

至於裴德神父個人接觸 Ilisin 的歷程，一本埋藏於故紙堆的手稿無疑是值得一睹的線索。

二〇〇四年的 Ilisin 是裴德神父經歷的最後一個 Ilisin——二〇〇五年他返回法國，整個夏天不在花蓮——彷彿是為了回應命定的呼喚，他詳細記錄了當年的 Ilisin，題為 *Le mois des fêtes des moissons à Fengpin en 2004*（二〇〇四年豐濱收穫節之月），從七月十七日到八月十七日，一整個月，每一天，幾乎濃縮了自一九七〇至二〇〇四超過三十年關於 Ilisin 的記憶，尤其一九七三年那一場對裴德神父來講猶如里程碑的 Ilisin，為此他花了好一番筆墨。

裴德神父最後的 Ilisin 之月結束於一場葬禮，以及歡樂之餘的平靜。

八月十七日裴德神父懷著哀悼前往 Makota 為一個耆老送行，他是「一個傑出的人，一個好基督徒」，也是「龐大強盛的 Pacidal（太陽）氏族的領袖」。

裴德神父當然理解人壽有限，但眼看耆老凋零終究不好輕易寬懷。在仲夏清朗的海天之際，一樣在港口部落，就在眾人緬懷的某一瞬間，或許他會想起另一個長者，Lkal Makor，他是港口部落最後一位終身制領袖，為裴德神父講了許多故事，前一年以近百之齡辭世。Lkal Makor 在島嶼邊緣的部落聽取、記憶、傳述部落的歷史，自然又自在地過著從小就習慣的生活，儘管受到現代文明和法令極大的限制，依舊上山打獵、看海、編藤。

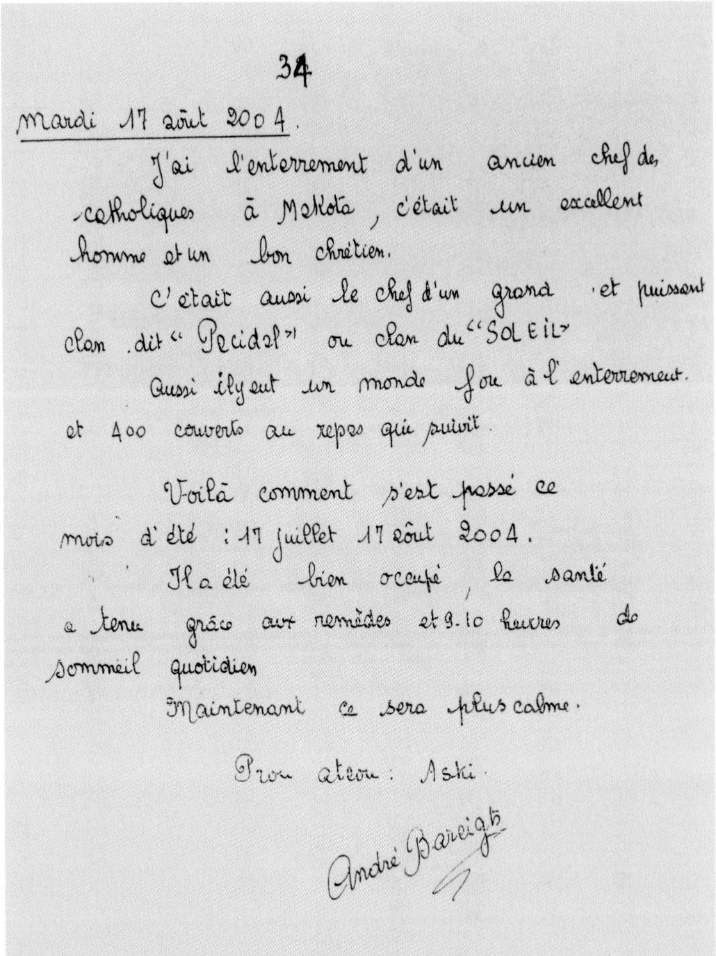
34

Mardi 17 août 2004.

J'ai l'enterrement d'un ancien chef des catholiques à Makota, c'était un excellent homme et un bon chrétien.

C'était aussi le chef d'un grand et puissant clan dit "Pecidal" ou clan du "SOLEIL"

Aussi il y eut un monde fou à l'enterrement. et 400 couverts au repas qui suivit.

Voilà comment s'est passé ce mois d'été : 17 juillet 17 août 2004.

Il a été bien occupé, la santé a tenu grâce aux remèdes et 9-10 heures de sommeil quotidien

Maintenant ce sera plus calme.

Pro ateou : Aski.

André Bareigts

裴德神父於手記最後一頁提及老朋友的葬禮和自己的健康，隨即以「歸諸平靜」結束了二〇〇四年的 Ilisin 之月。（引自／裴德手稿，Le mois des fêtes des moissons à Fengpin en 2004。巴黎外方傳教會提供）

手記結束於一幅哀傷又熱鬧的情景：「參加葬禮的來賓多到數不清，光是留下來吃飯的就有四百人。」

這就是今年夏天的情況：二〇〇四年七月十七日至八月十七日。

我一直很忙，得靠大量藥物和每天九到十小時的睡眠來維持健康。

此刻，一切歸諸平靜。

裴德神父的 Ilisin 在這裡畫下句點。

項鍊海岸。（攝影／邱上林）

38 費聲遠著、董增順譯，《回憶錄》，第二部〈花蓮〉第八章〈奇緣〉。花蓮，華光書局，一九八〇。

39 Rev. Germain BOYER，一九〇三年生於法國。曾在中國貴州傳教，一九五二年遭到驅逐，兩年後來臺。曾在壽豐、光復富田、光復大馬、瑞穗等地傳教。一九七七年於花蓮辭世。

40 Tagay 的敘述並不完整，裴德神父根據前後文以「de mauvais（壞事）」加以補足。至於「壞事」，應指 Kafook 殺害漢人通事林東涯，以及其後「大港口事件」清軍大舉屠殺 AMIS 壯丁一事。

41 在不同部落的起源傳說中，倖免於洪水之難的兄妹有時名為 Sra 與 Nakaw。

42 明神宗萬曆年間，耶穌會士利瑪竇前來中國傳教，當時中國人習慣祭天、祭祖、祭孔。利瑪竇自認為「西儒」，秉持儒家作風，對中國習俗保持寬容的態度。他容許中國教徒繼續這些傳統儀式，主張以「天主」稱呼天主教的「神」，同時認為天主教的「神」早已存於中國思想，因為中國傳統的「天」和「上帝」本質上與天主教所說的「唯一真神」並無分別。祭祀祖先與孔子是追思先人與緬懷哲人的儀式，與信仰並涉，只要不摻入許願、崇拜、祈禱，可說並未違反天主教教義。其後前來中國傳教的耶穌會士一直遵循利瑪竇的傳教策略和方式，是為「利瑪竇規矩」，這項不成文的規矩直到「梵二」才獲得教廷正式認可，解決了爭議三百多年的「中國禮儀之爭」。

43 劉璧榛，〈巴黎外方傳教會簡史與其在台灣的原住民族傳教〉，《台灣東海岸的法國牧者》，頁四八。臺中：國立自然科學博物館，二〇二〇。

海邊的民族學家

石梯坪。（攝影／邱上林）

如果裴德神父高中畢業後未直奔巴黎外方傳教會，努力成為一名神父，那麼一定會是一名出色的學者。

離開緬甸才幾個月，裴德神父暫時轉換跑道，進入法國高等研究應用學院攻讀民族學，受業於呂西安・貝諾（Lucien Bernot）與克洛德・李維史陀（Claude Lévi-Strauss）等頂尖學者，一取得學位立刻飛往遙遠的東方，在島嶼邊緣當起海邊的民族學家，從一九七二年起，除了休假返國，不曾離開。

呼吸巴黎學術空氣

一九六六年五月九日，裴德神父從曼谷飛抵巴黎，長途飛行相當累人，但精神似乎還不錯，大聲唱起歌，引起一陣騷動。

裴德神父研究人群和語言的熱情不亞於福傳牧靈，對此巴黎外方傳教會一定知情而且認同，才會向他提議留在巴黎進修。派駐緬甸期間，裴德神父走遍欽邦南北，趁著巡迴傳教之便，收集大量田野素材，筆記、錄音……使用各種採集工具和紀錄方法。我們不清楚裴德神父究竟累積了多少資料，只知數量龐大，多到足夠做為博士研究的材料。

前往任何需要協助的「外方」傳教——最好是原住民族或少數民族居住的地方——一直是裴德神父期待的工作。他對「人」同樣抱持高度關注，學術訓練可以提供田野以外的視野，擁有豐富田野經驗的裴德神父，欣然接受巴黎外方傳教會的建議。

一九六六年十一月，裴德神父試探性走進高等研究應用學院（或譯法國高等研究院，École Pratique des Hautes Études，EPHE），不久成為該校的研究生。提起這段因緣，他說：

……認為有必要利用當時可用的進修時間來加深民族學知識，以填補這一方面的不足。我不知道該修哪門課，不過手邊剛好有一本貝諾教授夫婦44

（L. et D. Bernot）一九六五年的著作，此書以孟加拉吉大港山區（collines de Chittagong）克陽族（Khyang）為主題。我又發現呂西安．貝諾（Lucien Bernot）先生的名字出現在高等研究應用學院第六系[45]的課程教授名單裡，於是一九六六年十一月某個星期一上午便去了他的課堂。我對那門課甚感興趣，決定繼續修下去，另外還選了康多米納先生（M. G. Condominas）[46]禮拜二上午的課。在民族學理論的迷霧裡，我漸漸認清自己所處的位置，貝諾先生建議我整理筆記，試著取得高等研究應用學院的學位。過去幾個月以來我根本沒有這個念頭，短暫猶豫後，即於貝諾先生深切熱情的堅持下著手研究，希望完成一本關於勞圖部落的專書……

在法國口語中，EPHE 經常被簡稱為「高等研究院（Hautes Études）」，一個由不特定名詞轉成的專有名詞，聽起來相當「高等」，事實也是如此。高等研究應用學院享有崇高的學術聲譽，自一八六八年創建以來一直是法國大型的國立研究與高等教育機構（Grand Établissement Public），直屬高教部（dependant directement du Ministère de l'Enseignement supérieur et de la Recherche），大師群會，名士雲集。

翻開十九世紀後期至二十世紀西方學術史，高等研究應用學院是索緒爾語言學派、年鑑學派、結構主義、符號學派的大本營，許多擁有世界級影響的學者長期任教於此，語言學大師索緒爾（Ferdinand de Saussure）停留法國十年都在 EPHE 執教。年鑑學派巨擘布勞岱爾（Fernand Braudel），一九三八年進入

EPHE 最負盛名的歷史科學與古文字學系執教，開始撰寫年鑑學派名著《地中海與菲利普二世時代的地中海世界》（*La Mediterranee et le Monde Mediterraneen a l'Epoque de Philippe II*）。一九八〇年代以降一度風靡臺灣學界的符號學大師羅蘭·巴特（Roland Barthes）也是 EPHE 顯赫的成員。

在校期間，裴德神父受過李維史陀的指導，後者是二十世紀最知名的人類學者之一。一九四八年李維史陀發表 *Les Structures élémentaires de la parenté*（親屬關係的基本結構），這部作品為李維史陀奠定學術聲譽，後來裴德神父在豐濱的小書房曾多次翻閱援引此書。李維史陀於 EPHE 執教長達四分之一世紀，其代表作幾乎都在該校完成，一九七三年獲選為法蘭西學術院（Académie française）院士，學術地位崇隆一時。

裴德神父正是在這樣一所學術風氣飽滿的學院進修，他擁有出色的語言天分，樂於接觸人群，勤於調查逐日筆記，又善於蒐集、保存資料，過去幾年在緬甸所累積的田野經驗，對於研究助益極大。一九六九年六月，在柏諾、康多米納和李維史陀等人建議下，裴德神父提交論文——*LES LAUTU, Contribution à l'étude de l'organisation sociale d'une ethnie chin de Haute-Birmanie*，這部以勞圖族為主題的論文順利為他贏得EPHE的文憑（Élevé Diplôme）。

或許因為裴德神父表現優異——或展現了超凡的研究精神——EPHE的教授再度提出邀請，希望他提交第二部作品作為博士論文，以此做為進入法國國家科學研究中心（Centre National de la Recherche Scientifique，CNRS）[47]的叩門磚。

這無疑是一個充滿期許和榮譽的邀請，任何對學術研究抱有熱情的人都會心動。裴德神父並未接受。離開福傳工作整整三年，年少時期熾熱的傳教心思此時再度旺盛點燃，跟從前一樣，他又一次主動請纓，向巴黎外方傳教會要求傳教，從此沒再返回學術機構——儘管未斷絕聯繫——還放棄了一步之遙的博士學位。

在二十世紀學術氣息最淵深濃厚的校園之一攻讀民族學，為接下來的傳教事業提供了決定性助益，如今關於裴德神父最知名的事蹟不是牧靈功業，也不是對弱勢的關懷——當然福音與關懷一向是他心念所繫之事——而是一系列關於AMIS神話傳說與噶瑪蘭語的傳述解說。

未能繼續走向更深廣的學術之路，關於這段往事，裴德神父離開EHPE十年後——當時他在豐濱傳教——藉由信端透露其中原委：

直到今天我仍保有博士研究生的身分，然而我更願忠於聖召，再次前往傳教。關於博士學位，我無疑不再追求，因為使徒事功是如此艱巨的任務，令我無暇他務。

臺灣是一座遠在緬甸之東的亞熱帶島嶼，裴德神父離家更遠了。一九六九年十月，裴德神父踏上臺灣島，基本的華語訓練還沒結束就急急忙忙——但想必是快快樂樂地——來到花蓮。這一次，裴德神父帶來福音，也帶上紮實的知識和訓練，ＡＭＩＳ很快就會見識到這位法國神父傳教以外的另一樣本事。

餐桌上的田野實踐

……「可洛」（koro），一種淺白色的蛆，常常大量出現在某些腐爛中的樹幹裡面。吃這種「可洛」蛆受到白人恥笑以後，印第安人加以否認，不會承認喜歡吃這種蛆。但你只要走進森林裡面就可找到潘埃諾（pinheiro）的遺痕，二、三十米高的樹被風暴打倒，後來被砍成片斷，成一堆殘骸。把大樹屍解的是找「卡洛」蛆的人。如果你突然到一間印第安人的屋子去，你可能會瞥見一碗的珍味蛆蠕來蠕去，但馬上就被藏起來。情形既是如此，要想參與一場尋找可洛蛆的活動便很不容易。你得像陰謀者一樣作長遠的計劃。有個發燒的印第安人，整個被暫時遺棄的村落就剩他一個人，似乎是好下手的對象。我們把斧頭放在他手上，搖撼他，推擠他。但毫無用處，他似乎不知道我們要他幹什麼。想著我們可能又要失敗一次，我們便拿出最後的說辭：我們想吃些可洛蛆。我們成功地把這個可憐的犧牲者拉到一棵樹幹旁邊。他只砍了一斧，就使樹幹深處數以千計的小空格暴露無遺。在每個格子裡面都有一個胖胖的、乳白色的生物，頗像蠶。我得守諾言。那印第安人面無表情地看著我把我的收穫物斷頭；從蛆的身軀噴出一種白色的肥性物質，我遲疑一陣以後終於加以嘗試；它具有黃油的稠厚和細緻，味道像椰子汁。

——《憂鬱的熱帶》，李維史陀

優游於人類學、民族學天地的研究者，往往也是勇敢的「吃客」，樂於擁抱陌生的餐桌，勇於品嘗陌生的食物，過了食物這一關才算貼近一個民族。就像李維史陀初到巴西，把吞下「可洛」蟲當成「成年禮」(initiation)，從此「可以真正去探險了」。

對於李維史陀的田野飲食初體驗，裴德神父是否耳聞，是否因此受到啟發，我們無從得知，不過身為一名民族學家，他確實貫徹了餐桌上的人類學田野守則，贏得AMIS的讚嘆，或驚訝。

AMIS是出了名的「食草族」，如果開設一門「食用／實用野菜」課程，最佳講師非AMIS莫屬。他們是一支對吃以及與吃相關的想法、器具和技術擁有傑出理解和實踐的民族，除了植物，對於肉類、海鮮還有介於葷素之間不

豐濱 Kotep（石門）海邊有三顆並列的岩石，傳說由 siraw 變成。（引自 / *Les Amis dans l'Histoire - Mythes Amis* 5，一九九三。劉一峰神父提供）

好分類的「食材」，AMIS擁有一套萬能整治法。從前，吃不完的生鮮用鹽巴醃起來，稱為siraw，兩山之間縱谷地帶的族人醃菜醃豬肉豬皮內臟……，濱海的族人醃魚肉魚卵魚腸貝類……，萬物皆可醃，醃什麼都不奇怪。

身為一個近乎百分百的AMIS，裴德神父酷愛siraw。他將siraw譯成「la viande salée」，也就是「鹹肉」，十分忠實地傳達了siraw的基本材料與製法。不過，裴德神父品味非凡，不同一般，連土生土長的AMIS也甘拜下風。

Falahan說裴德神父非常好客，經常拿出好吃好喝的請大家享用。在各種珍物中他對siraw十分鍾情，尤其是以「山羌胃裡的東西」加上酒、鹽醃成的siraw，一般市面不太見得到，豬肉魚貝跟它比起來，簡直泛泛之物，就算歷練豐富的老AMIS可能也不太消受得了。有一次，幾位同鄉神父來到豐濱，久違地聚在一起吃飯，裴德神父拿出一隻玻璃罐，向著席間高高舉起，得意地說：「你們看，我有這個。」惹得眾神父又是大叫又是大笑。

有一次，裴德神父為 Lo'oh 等人安排「siraw 極品宴」，讓大家嘗了材料相似的另一種版本，那是一次令 Lo'oh 畢生不忘的初體驗。

裴德神父常常收到善意的饋贈，有時候是白米，有時候是山肉，海邊來的朋友通常帶來海產。他非常喜歡山產，特別是 siraw，但最愛的不是一般醃肉，而是內臟，準確地講是腸子裡的糊狀物。「有夠臭啦。」事隔多年，Lo'oh 彷彿還聞得到那一罐飛鼠腸子 siraw 的沖天異味。「哇——味道太重了，房子另一頭就聞到了。」裴德神父最喜歡的就是這一款用 Lo'oh 所謂的「飛鼠大便」醃成的 siraw，顏色像潮濕牆角的青苔，帶點黃褐，軟軟爛爛像海苔醬。

那一天，一群人一起吃飯，他們一致懇求不要把「那個」拿出來。裴德神父作勢斥責：「懂什麼？極品，這是真正的極品。」大家圍著餐桌，裴德神父一臉喜孜孜，其餘人等無不掩鼻皺眉，差不多到了食慾盡喪全無胃口的崩潰邊緣。

裴德神父依例帶領禱告：「天主降福我等，暨所將受於主普施之惠。為我等主耶穌基利斯督。阿孟。」接著他貼心地桌邊服務起來，把非葷非素的飛鼠消化物半成品 siraw 舀進每一隻碗，一碗一小匙，狀甚珍貴。一小球墨綠色膏狀物蹲在晶亮亮的白飯頂上，看著秀氣清雅，氣味卻一點也不相稱。

「開動。」神父一聲令下。

「誰吃得下去啊？」沒有人知道該怎麼下手，只好挑揀看起來未受「汙染」的「淨土」，勉強動起筷子。「大家都挑邊邊的飯，盡量不去碰到那個東西。」可惜再怎麼小心也是徒勞，濃厚的山野氣息受到米飯微微熱氣的蒸騰，早趁著眾人遲疑的那一瞬間瀰漫開來。

令人吃驚的怪事來了。避之唯恐不及的飛鼠 siraw 一入口，瞬間引爆不可思議的化學反應，Lo'oh 說：「很臭，可是吃下去怎麼會……很甜哪……」唇齒驚魂未定，陣陣甘甜卻洋溢其中，或許類似玉里臭豆腐歐洲乳酪，不過感受一定更強烈。

「帶鹹味，帶臭味，特別的氣味，動物的味道……不錯啊，好吃。」Lo'oh 說，有人本來不喜歡吃飯，配上神父大方共享的珍饈，轉眼扒光，還想再來一碗，卻遭到拒絕：「沒有了，沒有了，一人一匙。」有時候神父一個人吃飯，一大碗白飯，兩匙 siraw，拿筷子「攪啊——」（Lo'oh 語），似乎在示範標準食用法，完全不理會旁人怎麼看那一碗有如嬰兒輔食的「siraw 拌飯」。

裴德神父在花蓮東海岸 AMIS 部落贏得的敬意，有一部分恐怕來自這一股對 AMIS 古老飲食傳統的喜好。如果李維史陀想方設法一嘗肥碩的蛆蟲是一次史詩等級的田野飲食示範，那麼長期住在部落的裴德神父，顯然就在平凡的日常生活裡實踐了人類學的餐桌田野守則。

李維史陀初嘗「可洛」蟲那一刻，與印第安人彼此凝視的位置就調換了，他變成被觀察的對象，甚至只是一個對印地安人的食物無知的人，那個喝醉了的印地安人無疑擁有更多關於「可洛」蟲的知識。藉著這個親身經歷，李維史陀想要告訴我們的或許是，只有摒棄優越的、掌握文明的特權階級般的目光，才能真正走進一個地方或一個文明。

儘管難以追溯，卻不妨礙我們大膽推斷裴德神父老早過了那一關，他樂於享用的特定傳統食物可能連族人也不吃了，這再度扭轉了像他這樣一個外來者與AMIS之間的「權力結構」——當然，裴德神父不太可能使用這樣的字眼——他是一個受到崇仰的福音傳遞者，一個以AMIS為研究對象的人類學家，更重要的是，經過長年相處相融，裴德神父被視為部落耆老，擁有許多關於AMIS的知識和經驗，使他成為受諮詢的對象。

初入田野的李維史陀在當地人面前活吞蛆蟲，促使自己脫下「有色眼鏡」。長居部落的裴德神父喜愛「極品 siraw」，半強迫地要求 Lo'oh 等人嘗嘗老祖宗的味道，像老少間的教導傳承。這一次，脫下「有色眼鏡」的，反而是面對外來者的在地族人了。

裴德神父過世前一年在手稿裡如此回憶。他在豐濱的起步不像在緬甸深山那麼順利，在獲得AMIS接納前，裴德神父花了大量時間和精力與他們交往、學習語言、理解部落文化，這些努力主要是為了傳教，試圖讓泛靈論者AMIS接受福音成為基督徒，其次才是為了個人的研究渴望。

一九七三年仲夏，Fakog的Ilisin終於為裴德神父敞開進入AMIS的大門，無論對於福傳事業還是AMIS民族學研究，甚至在日常生活上，對他個人而言這絕對是一場飽滿充裕的fête des moissons，接下來一整年，他「深入甚至完全了解AMIS的文化。」

一旦理解AMIS，裴德神父就發現，儘管他們是臺灣人口最多的原住民族，其際遇和其他原住民族基本上是相似的，同樣必須面臨各種各樣跟在時代巨輪之後的挑戰，文化、經濟、部落體制……以及宗教，當然還有語言，這是最容易「聽見」的變動。

戰後，AMIS被歸為「平地山胞」，直到一九九四年修憲才廢除「山胞」這個帶有貶意的稱呼，改稱「原住民」。除了是人數最多的原住民族族群，AMIS並未享有太多特別的權利，大致上與普通公民沒有差別。雖然許多事務受到行政體制的規範，裴德神父發現AMIS保留了傳統的社會結構，幾乎每兩、三年就選出部落的傳統領袖，維持年齡階級，有自己的民俗節慶。

> 對於所有非行政性質的事務，他們都按照自己的習俗來過日子。……大約一九七六年以來，政府一直鼓勵原住民族，特別是AMIS，維持傳統歌

舞和特定的民族節日，例如豐年祭。

——*Les Amis dans l'Histoire - Mythes Amis 5*

有的傳統領袖成為官方邀請討論民族事務的對象，他們通過這種方式獲得官方認可，部落裡的權力結構因此產生變化。撼動部落最直接而劇烈的力量是經濟，這是左右大多數AMIS際遇最重要的因素。

從脫離日本統治到臺灣經濟開始「起飛」的二十年間，AMIS並未受到現代生活太劇烈的擾動，直到一九六〇年代中期爆炸性的經濟成長席捲全球，部落的情勢才漸漸改變。

農民離開鄉村前往城市是發展中國家一致的趨勢，人口外移的浪潮衝擊臺

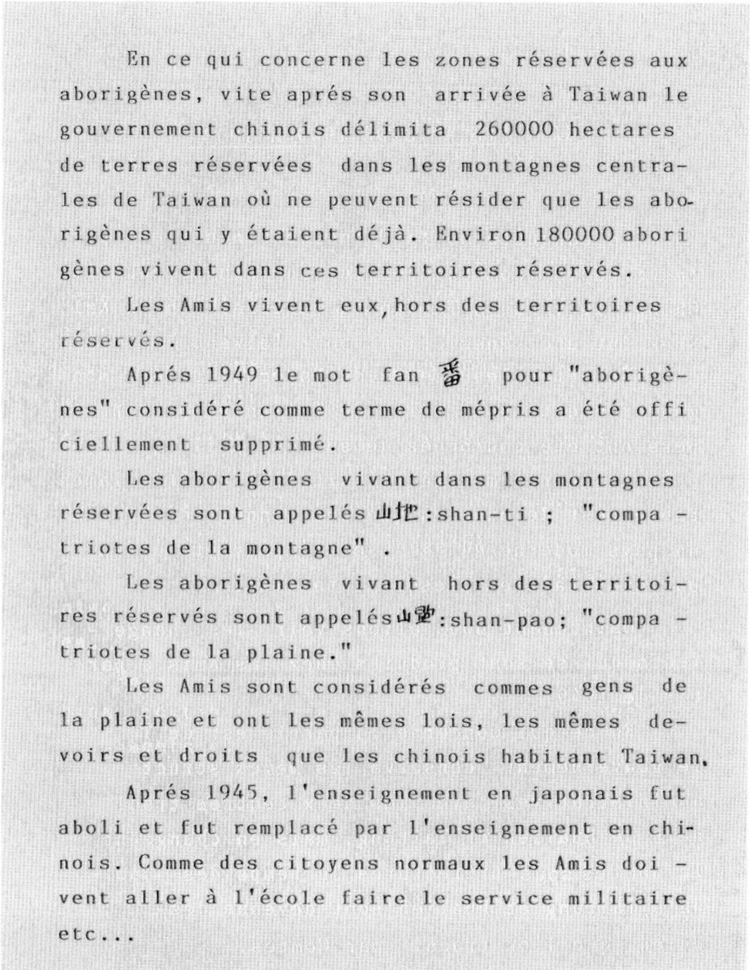

En ce qui concerne les zones réservées aux aborigènes, vite aprés son arrivée à Taiwan le gouvernement chinois délimita 260000 hectares de terres réservées dans les montagnes centrales de Taiwan où ne peuvent résider que les aborigènes qui y étaient déjà. Environ 180000 abori gènes vivent dans ces territoires réservés.

Les Amis vivent eux,hors des territoires réservés.

Aprés 1949 le mot fan 番 pour "aborigènes" considéré comme terme de mépris a été offi ciellement supprimé.

Les aborigènes vivant dans les montagnes réservées sont appelés 山地:shan-ti ; "compa - triotes de la montagne" .

Les aborigènes vivant hors des territoires réservés sont appelés 山胞:shan-pao; "compa - triotes de la plaine."

Les Amis sont considérés commes gens de la plaine et ont les mêmes lois, les mêmes devoirs et droits que les chinois habitant Taiwan.

Aprés 1945, l'enseignement en japonais fut aboli et fut remplacé par l'enseignement en chinois. Comme des citoyens normaux les Amis doi - vent aller à l'école faire le service militaire etc...

裴德神父對 AMIS 的整體認識與理解主要收錄於一系列著作的第五冊，即 *Les Amis dans l'Histoire - Mythes Amis* 5。在記述歷來統治臺灣的政權對島上原住民族的稱呼時，以動作迅速聞名的裴德神父或許忙中失誤，似乎弄錯了國民政府時期「山地」和「山胞」這兩個名詞的意思。此外，奇特的「胞」字讓我們又一次見識到漢字與裴德神父少了一點緣分。(引自 / *Les Amis dans l'Histoire - Mythes Amis* 5，一九九三。劉一峰神父提供)

灣農村，無論漢人還是原住民村莊，都不可避免地遭遇並接受淘空的命運。蓬勃的經濟發展讓都市活力充沛，使都市成為超級磁鐵，強大的吸引力激發鄉村地區的人們對「美好生活」產生憧憬和想像，促使人們付諸行動。

人口外移的影響是全面的，包括裴德神父的傳教事業。豐濱堂區有十幾座教堂，每一座教堂就是一個堂口，而神父只有一個。眾所周知，AMIS是母系社會，婦女是一家之主，在日常生活中擁有高度影響力。裴德神父招募大約十個婦女來分攤部分工作——尤其是在他居住地以外的地方——例如探望病人、為成年人洗禮預做準備、在緊急情況下施洗……等。有的部落會把她們找去有人做噩夢的房子祈禱，有時會要求她們幫忙主持會議。

「她們不應該教導人們怎麼做，那是傳道師或神父的工作。」儘管裴德神父如此指正，也無力改善嚴峻的事態，傳道師沒有足夠的薪水養家糊口，一定會另謀出路，偏偏教會「沒有錢（sans argent）」——這確實是裴德神父的措辭——「只能雇請女性志願者，她們教育水準不高，受到最好教育的通常都在臺北。」在一九七四年至一九七六年的報告裡，裴德神父指出教會的困境，其中之一就是人與經濟交互作用下的雙重影響，這就像「藤原效應」盤旋、籠罩下的災難，毫不留情地向教會以及落擴散。

出走的往往是青壯年，每一次出走的遠方都是一幅美麗未來的藍圖。一九七六年——*O No Amis A Tamdaw A Kimad* 首度問世——根據官方統計，大約百分之十六的ＡＭＩＳ離開家鄉，投奔北部西部的大城市。到了一九九三年——最後一部 *O No Amis A Tamdaw A Kimad* 出版——定居都市的ＡＭＩＳ多達百分之二十五，留在部落的大部分是老人和小孩。

AMIS是一個敬長愛老的民族——這是裴德神父喜愛AMIS的理由之一——孩子照顧長輩不但是責任更是傳統，住在城市的孩子會寄錢回部落奉養父母親。部落的工作機會少之又少，有的家庭食指浩繁，一家之主有的從四十五歲開始就靠補助金撐日子。

> 對於生活在一個因貧窮而看不見經濟前景的地區的AMIS來說，總有一天人口外移會讓部落漸漸荒無，傳統文化也會消失。
>
> ——*Les Amis dans l'Histoire - Mythes Amis 5*

居住的風景也變了。

裴德神父初抵豐濱，放眼所見的家屋大部分以竹、木、茅草等天然材料來建造，那時豐濱天主堂是部落最高最時髦的建築物。Nakaw 記得教堂建於沙牧羊神父任內，教友同心協力，一磚一瓦搬運、疊砌，全憑人力，完工後的教堂在周圍竹木平房的襯托下異常高大，挺立的十字架尤其醒目，「號稱貓公巴洛克。」Falahan 說。

直到一九八〇年代初期，Fakog 還見得到傳統建築，很快地——裴德神父說——「茅草和竹屋在一九八四、八五年左右消失了。」水泥磚瓦取代傳統建材，跟教堂一樣堅固的樓房一棟接一棟蓋起來。

「AMIS 的物質生活正在全面改變，」裴德神父認為：「他們從中感到快

直到一九八二年，Fakog 仍保有傳統家屋。（引自 / *Les Amis dans l'Histoire - Mythes Amis* 5，一九九三。劉一峰神父提供）

樂，也享受這種變化。」對於AMIS和Fakog的變化，裴德神父似乎相當正面地看待。

除了信仰。

懷著巴黎外方傳教會傳統悠久的熱情和使命，裴德神父來到花蓮，在豐濱鄉遇到與緬甸山區一樣的泛靈論者，在認識AMIS的信仰歷史過程中，他又發現十九世紀以來「AMIS一直與信奉其他宗教的其他族群接觸，隨著中國定居者和平埔族的到來，他們開始接觸常見的中國宗教。」牡丹社事件後，滿清的「開山撫番」政策送來中國士兵，其中有的與AMIS女子結婚，他們的子女在部落裡講AMIS語，接受AMIS傳統文化的薰陶，不過「中國的通俗宗教從此也進入某些部落和家庭，例如La'no（大港口）和Atomo（阿德模，今光復鄉東富村）。」

一九二〇年後，日本殖民當局試圖在宗教方面影響AMIS，一方面禁止某些傳統祭儀，一方面在部落裡建造神道教寺廟，教導年輕人神道教儀式，以便在部落裡主持儀式。日本人要求年輕人按照神道教儀式舉行婚禮，於某些特定日子在神道教寺廟為部落舉辦祭儀，殖民統治後期則禁止AMIS（以及其他原住民族）奉行中國宗教儀式，同時不准他們成為基督徒。

裴德神父曾經聽聞長者描述從前他們如何「陽奉陰違」：

> 在某些部落，我們白天以神道教規矩來舉辦婚禮、葬禮之類的儀式，趁著晚上警察睡著以後，暗中舉行AMIS傳統的儀式。

——*Les Amis dans l'Histoire – Mythes Amis 5*

雖然受到殖民政府嚴厲的管制，終戰前後至少百分之九十的AMIS仍然奉行固有信仰，另一方面，日本嚴格的宗教政策令許多傳統禮儀遺佚，以致出現信仰的「真空」，這種「真空」狀態並未持續太久，基督教適時前來，對AMIS的傳統信仰產生巨大的影響。

戰後，外籍神職人員可以自由進出部落，他們展現堅定的信仰、毅力，加上醫療、物資等因素，促使不少原住民族人選擇信奉基督教。大約一九六五年以前，AMIS一個接一個受洗成為基督徒，尤其是天主教徒，此前十年，巴黎外方傳教會的神父們以無比的熱情促成AMIS集體改宗，在花蓮締造了令人難以置信的「奇蹟期」。

裴德神父來到豐濱的時候，「奇蹟期」已經是往事了，更明顯的趨勢是人口外移，部落的居民——特別是年輕人——愈來愈少，AMIS受洗為教徒的速度放緩，在以福傳為志的神職人員眼裡，這是值得憂心的現象。換個角度來看，裴德神父可能因此多了一點田野調查的餘裕——當然，對於傳教他從未懈怠——可以跑更多地方，訪問更多老人，聽更多故事，反而有利研究。他還觀察到AMIS語言每天「離開一點點」：

特別是從一九八〇年開始，親子間講的不是AMIS語，而是漢語。在城裡工作的年輕夫婦經常帶上孩子，（在那樣的環境下）當然也不會和孩子講AMIS語。

——*Les Amis dans l'Histoire – Mythes Amis 5*

Lo'oh就是裴德神父筆下的孩子之一。他生於一九六〇年代初期，幼稚園、小學時期家裡還講AMIS語，上了國中講得愈來愈少——這是「國語政策」下眾多臺灣人共同的經驗——去了外地以後很快就「失語」了。

出外的孩子有的連自己的名字也忘了。Lo'oh和Falahan想起裴德神父超乎常人的記憶力，不約而同提到長大以後偶爾回到Fakog的年輕人，裴德神父在路上一看見，馬上就能叫出名字，那都是孩子的阿公阿嬤取的名。年輕人不明所以，經常以為裴德神父認錯人喊錯名字，回家一問，恍然大悟，原來自己老

es à disparaître à cause du progrés économique.

Dans ce travail, nous donnons le texte en langue Amis et en regard la traduction.

La traduction se veut littérale, du moins quand c'est possible.

Nous avons renvoyé les notes à la fin du livre, de manière à donner une idée assez complète de la culture Amis.

Nous remercions Mr le Supérieur Général de la Société des Missions Etrangères de Paris et son Conseil pour l'aide accordée qui a permis la publication de ces modestes pages.

Fengpin le 15 décembre 1989

André Bareigts.

一九九〇年，*Les Principaux Mythes de l'Ethnie Amis* 3 出版，在簡短的〈前言〉裡，裴德神父對阿美族語言文化的流失表達了深切的憂慮。

A V A N T   P R O P O S

En 1976, nous avons publié deux volumes de textes de mythes et légendes Amis.

Dans ce nouveau travail, nous présentons de nouveaux textes, qui pourront intéresser les ethnologues, les linguistes et les missionnai - res.

Depuis 1976, bien des choses ont changé à Taiwan. Le progrés économique est tel que les campagnes se vident, la jeunesse part travail-ler dans les villes et est absente des villages dix mois sur douze.

En 1976, 90% des enfants parlaient Amis, en 1989, au maximum 30% des enfants de moins de douze ans peuvent parler couramment la langue Amis.

Il est donc à prévoir que dans 50 ans la langue et la culture Amis feront partie des mille langues et cultures ethniques à l'agonie dans le monde.

Il est donc grand temps de recueillir les légendes , les mythes, les coutumes de ces eth- nies encore trés vivantes en 1989, mais appelé-

早忘了自己的名字。

出外的年輕族人遭遇「語言離散」，部落如何呢？裴德神父看見人口外移的浪潮帶走部落兒童以後的情景：

與一九七一年相比，一九九三年還住在AMIS部落的兒童少了百分之五十，部落小學的入學人數也下降一半以上，好幾間小學都關門了。

——*Les Amis dans l'Histoire – Mythes Amis 5*

跟臺灣許多鄉村一樣，Fakog是一個提早「高齡化」的部落，在這樣一個部落的日常生活裡，裴德神父最常聽見的就是AMIS語，因為懂「國語」的都去了大城市，留下來的大多是中老年人，他們習慣講也只會講AMIS語。部落小孩在學校裡被鼓勵（或強迫）學中文講「國語」，沒有什麼機會講AMIS語，日久成習慣，就算部落裡AMIS語此起彼落，能聽又能講AMIS語的孩子反而愈來愈少。

留在部落的AMIS若信教，又固定上教堂，那麼一個禮拜至少有一天會用到母語，大家手裡捧著裴德神父自力編印的AMIS語聖詩聖歌集，跟著神父或傳道師吟誦。裴德神父以AMIS語主持彌撒，已是豐濱天主堂的傳統，直到今日，傳道師Lo'oh和義務使徒Falahan仍然遵循長久以來的習慣。

情況固然危急，裴德神父似乎認為語言的斷層不至於太悲觀：

裴德神父編訂 *'OLIC-RADIW*（聖歌集），至今豐濱堂區的教友仍然人手一本。這本厚重的硬殼書並未取得天主教會的官方認可，只為豐濱的 AMIS 教友刊行，前後數度修訂，直到過世前裴德神父還著手改版，當時 Lo'oh 負責打字，「可惜還沒完成神父就過世了。」

在部落的日常生活中，各種言說場合，無論在家裡、村里還是教會，每一次都是用AMIS語來進行。儘管瀕危，AMIS語仍然是部落人們主要使用的語言。

——*Les Amis dans l'Histoire – Mythes Amis 5*

何況情勢似乎正轉向令人期待的方向，並未無盡地惡化。大約第二次出版*O No Amis A Tamdaw A Kimad*前後，裴德神父看見AMIS的有識之士正在展現扭轉傳統文化命運的企圖：

一九八八年一個AMIS教授To'as出版了一本附有中文解釋的AMIS

文法[48]。Sa'aniwan（宜灣）的Lifok先生在臺北學習民族學，一九八九年他用AMIS語發表了一本書，講述部落裡的葬禮、婚嫁和豐年祭，以AMIS語寫成，搭配中文翻譯，是一部了不起的作品[49]。一九九一年，來自Ciwidian（水璉）的年輕女孩鄭香妹[50]在紐約拿到碩士學位，其論文主題是AMIS的家庭變遷。

——*Les Amis dans l'Histoire – Mythes Amis 5*

這些記錄、探討AMIS風俗、傳統、語言的AMIS研究者，裴德神父視之為「先驅」，他覺得「其他AMIS很可能會跟上這些先驅的腳步。」

裴德神父目睹二十世紀下半葉AMIS與現代文明碰撞的過程。對一個民族學者來講，所謂「田野」通常止於空間意義，裴德神父在同一個據點駐守超過三十年，付出漫長的歲月，目睹前所未見的「變動的田野」。

裴德神父的 Fakog 是一整個時代，不是一個短促的切片，他親自涉入 AMIS 的信仰與心靈，使自己也成為這片時間流動其中的田野的風景之一。裴德神父眼裡的 AMIS，也有他自己的影子。

O No Amis A Tamdaw A Kimad

裴德神父的書桌後面有一大面書牆，從地板頂到天花板，他準備了一把梯子，方便爬上爬下，大量藏書使他看起來更像是一名學者，實際上也是如此。

他可能是巴黎外方傳教會來臺傳教士裡最具學術氣息的神父，也是唯一擁有民族學學位的神父，專業的學術訓練讓他在傳播福音關懷教友之外，還為花蓮的AMIS和噶瑪蘭族人以書面形式留下珍貴的語言文化遺產，還有族群變遷的觀察。

關於裴德神父以AMIS為題材的民族學著作，目前輯印成書的有六冊，兩兩一組，分三次出版，骨幹內容都是AMIS的神話、傳說、故事……等。偶數冊AMIS語，題為 *O No Amis A Tamdaw A Kimad*（《阿美族的神話》）；奇數冊法文，題為 *Les Principaux Mythes de l'Ethnie Amis*，內容比AMIS語版本多了AMIS的歷史、族群、傳統、風俗、語言、文化變遷、族群現況……等多方面概括而扼要的介紹，因為法文版訴求的對象是跟裴德神父一樣讀得懂法文的外國人。

如果說 *O No Amis A Tamdaw A Kimad* 的珍貴之處首在於以文字保存AMIS的口述傳統，那麼 *Les Principaux Mythes de l'Ethnie Amis* 最值得讚許的貢獻，或許是發揮了「橋梁」的角色。透過文字，裴德神父從西太平洋搭了一座橋，連結AMIS所在的東臺灣與遙遠的歐洲大陸，讓他所來自的歐洲有機會概略而快速地對AMIS及其文化獲得基本認識。

一九九三年，裴德神父第三次刊行*O No Amis A Tamdaw A Kimad*，與此相應的法文版書名和前兩次不太一樣——*Les Amis dans l'Histoire - Mythes Amis*，看得出裴德神父似乎懷有進一步的用心與企圖，他在過世前十年間，仍持續蒐集材料，寫作不輟，打算繼續出版。

Lo'oh身為裴德神父晚年的「關門弟子」，平常工作之一就是充當師父的打字員——恰好他愛玩裴德神父的打字機，不以為苦。他記得裴德神父當時依舊到處聽故事寫筆記，「一篇筆記就是一個故事，寫完就要我打字。」

世事難料，裴德神父突然離世，向來安放於書架的手稿和作品，經過整理反而下落不明，至今仍未尋獲。Falahan和Lo'oh都對此感到遺憾，因為那些遺稿很可能都是第一手的文化紀錄。

一九七六年，裴德神父第一次出版 *Les Principaux Mythes de l'Ethnie Amis*，其中一篇〈工作方法〉提到跌跌撞撞的起步：

> 一九七〇年八月十四日起，我開始與AMIS有所接觸。……過了三年，只換來失敗一場，全無所獲，連翻譯小川（尚義）和淺井（惠倫）一九三〇年收集到的神話也遇到重重困難。一九七三年底，好運臨門，讓我蒐集到本書三分之二的神話故事。
>
> ——*Les Principaux Mythes de l'Ethnie Amis* 1

在裴德神父將近二十年的撰述過程裡，第一個階段的材料很大一部分來自既有素材，包括前輩莫德明神父、杜愛民神父早年的著作[51]、日治時期的文獻[52]，裴德神父還向白冷會池作基神父借來一九六〇年錄製的磁帶。

從內容看得出來，裴德神父關注的地域不限花蓮海岸地帶，而著眼於全體AMIS的活動領域，包括縱谷——如Fata'an（馬太鞍）、Tafalog（太巴塱）、Kiwit（奇美）——和臺東海岸Fafokod（東河）、Pioho（小馬）等地，最生動的內容當然是他「好運臨門」後的收穫，包括Cawi'（靜浦）的Agay說Fakog起源、Malaloog（東興）的Ofay說AMIS對外戰史，還有Tafalog的Marag Namoh所描述的傳統習俗。

這個階段的工作還談不上研究，首要的目標為「陳列、展示」。裴德神父認為還有很多故事等待發掘，無法僅對已蒐集的故事加以解釋或評論，所以他「嘗試完全按照蒐集所得來呈現AMIS的神話故事，並盡可能如實翻譯。」即便如此，翻譯也不是輕鬆工作，裴德神父自認當時的AMIS語能力不足以應付那些幾乎只有神話和儀式專家才理解的宗教性詞彙和表達方式，幸好在地人Agaw伸出援手。Agaw是裴德神父早期仰賴的左右手，平時是傳教助手，必要時擔任翻譯顧問。總之，裴德神父初試啼聲的作品是「出版至今蒐集到的AMIS神話故事及其譯文」，他認為那是「可能讓民族學家、語言學家和傳教士感興趣的新材料」。

其後，裴德神父放慢步調，直到一九九〇年才又集結新稿再度出版。時隔十四年，這段期間臺灣的政治、經濟與社會快速轉向自由開放，工商發達的都會吸引大量的鄉村人口，城鄉差距愈來愈大，傳統文化與時代潮流碰撞後，其影響愈來愈明顯。

快速變動的社會型態為東海岸的 AMIS 帶來衝擊，裴德神父在〈前言〉描述了他的觀察，以及憂慮：

> 自一九七六年以來，臺灣發生了很大的變化。經濟發展飛快，以致農村空蕩蕩，年輕人去城市工作，十二個月中有十個月不在農村。
>
> 一九七六年，百分之九十的兒童或說 AMIS 語；一九八九年，十二歲以下的兒童最多只有百分之三十能流利地說 AMIS 語。
>
> 因此，可預期的是五十年內，AMIS 語和文化將成為全球上千種瀕危的

語言和文化之一。

因此，收集這些在一九八九年仍然非常活躍卻因經濟進步而註定消失的傳說、神話和習俗，現在正是時候。

——*Les Principaux Mythes de l'Ethnie Amis 3*

除了故事譯文，裴德神父在 *Les Principaux Mythes de l'Ethnie Amis 3* 另外費心寫了四十五則「註解」（Notes），佔全書三分之一篇幅，條目五花八門，看不出特別挑出來說明的標準，但幾乎每一則都是重要的 AMIS 文化概念，大部分關於 AMIS 的源起、習俗、祭典、村落……，少數幾則介紹口述者和文獻作者。所有「註解」中，篇幅最長、解釋得最透徹的是 sral（年齡階級）。為了

MAKOTA	FAKOG
La Fanaw	La Kafos
La Awa	La Tomay 1922
La Katol	La Diwas
La Anip	La Folo'
La Kosoy	La Pohog
La Sim	
La Tosa	
La Acic(1928,1929,1930	La Holam 1928,1929,1930
La Holam	La Sana (photo p.172)
La Timin	La Damay
La Ranam	La Foak
La Tanoh	La Toron 1939...
La Lato	La Takag
La Anam	La Tiyam
La Afas	La Snir
La Koig	La Cker
La Capox	La Diwas 1959.....
	La Tfor 1962....
	La Owic 1965...
	La Sdeg 1968 ...
	(nommés en 1986)

一八五〇年以後約一百年間 Fakog 與 Makota 歷代 sral 清單。從這份名冊，我們看見裴德神父特別標示了他所屬的 La Holam 的出生年(一九二八、一九二九、一九三〇)，也可以看見涉及「大港口事件」的傳奇 AMIS 男子 Kafook 所屬以及他所帶領對外征戰的 sral 成員是 La Tafok。(引自 / *Les Principaux Mythes de l'Ethnie Amis* 3，一九九〇。劉一峰神父提供)

Nous donnons ici les noms des Sral ou groupes d'âge de deux villages de la région de Makota-Cpo'.Nous donnons approximativement l'année de la naissance des plus anciens de chaque goupe, en ajoutant 18 ans on obtient à peu prés l'année de la formation du groupe. Trois années forment (en principe)un groupe d'âge.

MAKOTA(KANGKOU)		FAKOG. (Fengpin)	
Classe d'âge. nom	Année naissance	Classe d'âge nom	année naissance
La Capa'	1855		
La Tafok (classe d'âge du célèbre Kafook,p.81)			
La Koyo			
La Foa	1864	La Fagas	1864
La Parar		La Tomay	
La Kahir		La Snir	
La Fagas		La Damay	
La Cker	1875	La Cker	
La Ofor		La Takag	1879
La Sakag		La Tfor	
La Afog		La Owic	
La Foka'		La Sdeg	1899
La Tolok		La Afih	
La Palo		La Apig	1907
La Tomay	1899	La Fagas	
La Olac		La Dihif	1912

解釋 sral，裴德神父花了不少心力，其中收錄 Fakog 和 Makota 兩個部落的百年 sral 清單，想來必定一一向耆老問得。

似乎為了盡可能紀錄 AMIS 的故事、傳統與族群的社會變動，裴德神父加快腳步，僅僅相隔三年，*Les Amis dans l'Histoire – Mythes Amis 5 / O No Amis A Tamdaw A Kimad 6* 就問世了，如前所述，法文版書名與前兩本不一樣，透露裴德神父對本書抱持更大的期待。

一九九三年和一九九〇年一樣，人口外移的情況並未舒緩，「年輕人繼續向城市遷移。」裴德神父倒是從長輩口裡聽見不少從來沒有聽過的故事，不過在人口外移形成的世代斷層下，古老的故事與口述傳統漸行漸遠，對年輕人來講跟「神話」沒什麼兩樣。

上左：Makota 最後一位終身制傳統領袖，Lkal Makor（漢名許金木）。上中：前排右一為 Lkal Makor，右二為 Tagay，攝於 Makota，一九八五年。上右：Tagay。下左：Tafalog 的 Marag Namoh。下左二：Fakog 的 Li'ay，裴德神父於一九七二年 Ilisin 聽見的祈禱詞即為 Ci Li'ay 所唸誦。下右二：Fata'an 的 Onak Tafog。下右：Kiwit 的 Ofay。（引自 / *O No Amis A Tamdaw A Kimad* 6，一九九三。劉一峰神父提供）

O No Amis A Tamdaw A Kimad 一系列著作以十位長者的簡介為終章，他們都是為裴德神父講故事的長者，其中有人當時已辭世。如同電影片尾，裴德神父一一介紹 *O No Amis A Tamdaw A Kimad* 的「卡司」，令人輕易從這樣的安排感受到一份質樸而飽滿的敬意與謝意。

在第一、二輯 *O No Amis A Tamdaw A Kimad* 之間，學習噶瑪蘭語有成的裴德神父，編了一本可能至今仍是內容最豐富的噶瑪蘭語文本。

一八七八年「加禮宛事件」後，Patrogan（豐濱鄉新社村）成為噶瑪蘭族人離散移居之地，後來漸漸成為噶瑪蘭族文化最重要的據點。裴德神父來到豐濱第二年開始學習噶瑪蘭語，可是「噶瑪蘭語很難」——如果語言達人裴德神父都如此認證，可見真的很難——另一方面又必須精進AMIS語，在這種情況下噶瑪蘭語的學習「進展甚微」。

幾年後，有一些噶瑪蘭族教友希望裴德神父將部分福音書譯成噶瑪蘭語，他不得不承認「這是一項非常艱難的工作」，所幸在族人幫助下，終於在一九八六年出版了一本百來頁的冊子，題為 *Kkef fa1an*（噶瑪蘭），內容有噶瑪蘭人歷史筆記、一則族人講述的噶瑪蘭神話、天主教祈禱詞、一小篇要理問答和幾頁福音書，看起來有點單薄，但可能是有史以來第一本完全以噶瑪蘭語文寫成的書冊，意義非凡。

裴德神父多才多藝，喜歡動手。「神父會自己裝訂書本，」Nakaw 說：「打洞機、鉗子、釘子、繩、線……什麼工具他都有。」儘管如此，在相對偏遠的豐濱鄉編書印書仍然不是一件輕鬆容易的工作，所有書稿都由裴德神父親自打

1

M I S A

Si: Makk Tama, makk Sonis, makk Siyriy ya nagan.

So: Amen

Si: Pakklosikk ya Tama timaymoan.

So: Timaysoan kkaya sakka losikk na Tama

2

Si: Kken.nasoani, kkes.sianemi kkaya ya kknalisaw ta kkao kka midkkidi ta to kknalisaw to zao sakkagian na sapatokkaz.

Me: Kkayzoyan.na ta gayawan na Tama to zao timaymoan men.niz na kken.nasoani,pakk soparr paykko to zao kken.nalisaw kko makkzi ta kken.nasianeman to zao sano to zao sen.niwaway,to zao kkagarriwan, mlisaw wi kko,mlisaw wi kko,makken. no mlisaw wi kko.Zao makkzian to mlogos.si kko ci Mariyaan, kkao pataz mrra sim kken.na to zao men.niz coyoh to zao neg.giay a lazat to zao timaymoan kka-ya kken.nasoani, sen.nowi kka Tama kka o frrorr niyakk to sakkagian timaykko.

Si: Kkakkzozos.san ti ta to kkayzoyan na Tama kkalakkos.san ya kken.nalisaw ta, kkazasan ti ta tozos to mai kkarrpogo-san.na na fin.nos ta.

So: Amen.

《MISA》，裴德神父編譯的噶瑪蘭語《彌撒記事》。（引自／「天主教耶穌會在台灣 1950-2000 傳教文獻數位典藏計畫」，https://museum02.digitalarchives.tw/teldap/2010/SocietyOfJesus/www.riccibase.com/archive/index310e.html?option=com_flippingbook&view=book&id=106%3Aa0102&catid=2%3A2011-02-20-16-13-16&Itemid=28，擷取日期：2021/09/10）

字、校對後送印，平常需要影印也得騎上一個小時摩托車，彎彎拐拐穿越海岸山脈，光復街上才有影印機。遠在法蘭西的巴黎外方傳教會總會支持裴德神父的研究，每一次刊印都給予贊助，但不足以支應大量印製，因此這一系列著作不像今日我們所知的正式出版，不但沒有商業發行，一般書市也沒有流通，僅僅小規模流傳。

二〇一一年，原民會原住民族文獻會將 *O No Amis A Tamdaw A Kimad / Les Principaux Mythes de l'Ethnie Amis* 列入「建議翻譯外文文獻清冊」，此外據悉一位來自 Fakog 的族人已著手翻譯。如果近十年以來致力迻譯外文文獻的原住民族委員會早日化建議為行動，那麼裴德神父的採集與研究成果將可以透過平易而廣泛的流傳，為人所讀為人所悉。

「安頓」傳說

無論天主教或基督新教，來到臺灣的傳教士幾乎每一個都投注大量心力去學習教友慣用的語言，閩南語、客語、AMIS語、布農語、太魯閣語……，學習語言，翻譯聖經聖詩，都是傳教士的功課。

巴黎外方傳教會的神父一邊學習原住民族語言，一邊將聖經、聖歌等文件譯成原住民語版本。他們長久居住在花蓮，十數年甚至三、五十年，除了家人以外，接觸最頻繁的可能就是族人了。傳教之餘，他們累積部落經驗與民族知識，時間和生活讓他們所知的詞彙遠比語言學者或人類學者更多更細緻。

持續的語彙蒐集和研究促成原住民族語字典的誕生：余發光神父編寫布農語與法語雙語對照字典，杜愛民神父、博利亞神父、潘世光神父相繼編寫AMIS語與法語對照字典……，收錄的單字類別非常豐富，除了生活用語，還有地區性的特殊物種名稱、親屬關係稱謂……等，使得這些原住民族語典最大程度地保存了古老的族語。

傳教士編纂原住民族族語與其母語對照字典，造福的對象是日後陸續到來的後輩，有了字典，年輕傳教士可以省下摸索的工夫。至於翻譯族語聖經，編寫族語聖歌，則是為教友創造一把更容易親近天主的梯子。這兩樣工作都艱困，本來都是為了傳教，卻間接為原住民族建立一套可以流通又「看得見」的文字系統，雖然是附加效益，對促成原住民族語言書面化卻是值得大書特書的功績。

傳教士的文字工作還發揮了另一個始料未及的效益。傳教士以羅馬拼音將原住民族的語言文字化，這項舉措跟當時官方強力推行的「國語政策」有所扞格。花蓮所在偏遠，族語聖經並未受到過於嚴格的查禁，但仍然有一位編纂太魯閣語文法及語典的巴黎外方傳教會神父，一九七一年返回法國後就未再獲准來臺。在長期的「國語政策」後，原住民族力圖找回母語，幾十年前傳教士的工作成果紛紛成為部落文化復振的珍貴資源，從中可以找回一部份流失的語彙。

論及保存傳統文化的貢獻，裴德神父的貢獻在於建立——或者說回復——文本，書裡的故事都來自田野，他讓人們看見字典裡的字彙如何存活於古老的傳說。明顯地，裴德神父走的路和致力編纂字典的神父不一樣。

由於其人已遠，我們無緣聽他親口回顧何以如此熱衷蒐集並記述AMIS

的神話、傳說以及口述——Falahan 身為族人也不明所以——只能猜測裴德神父勤快蒐集口述故事的動力可能出於純粹的喜愛，劉一峰神父認為或許同為少數族群之故。或者跟李維史陀一樣，裴德神父對脆弱的文化懷著一份珍惜的心意：

的確，大家樂意談論「沒有歷史的民族」（有時候這意思是指他們最幸福）。這種省略性的講法僅僅意味他們的歷史不為且仍將不為人知，而非全無歷史。在上萬年乃至數十萬年的時間裡，那些地方也有過人類，他們一樣有過愛恨，曾經受苦、創造、奮鬥。事實上，從來就沒有「嬰兒」民族，所有民族都是「成年」，哪怕他們打從童年、少年時代就沒寫過「日記」。

——譯自 *Race et histoire*（種族與歷史），李維史陀

裴德神父持續三十年的採訪、研究和寫作，看起來就像以實踐來證明李維史陀此番見解。原住民族既非「嬰兒」，也不是沒有發展過程，裴德神父為「成年」的AMIS抄錄「童年與少年時代的日記」，拼寫AMIS文字以固定流動的口語，將AMIS的傳說、故事、傳統、習俗與技藝安頓於紙頁。這件事超乎amis／朋友情誼，美好得像一則神話。

這一則神話如何「實際運作」，Lo'oh是活生生——可能也是最佳——的例證。

Lo'oh少小離家，離家後沒有機會講AMIS語，自然而然就忘了，當他一九九七年搬回故鄉Fakog，正如福佬語用來挖苦的渾話——「一句講也袂曉話」，Lo'oh一句AMIS語也講不出口。前一個傳道師過世後，多年來裴德神父身邊一直少個幫手，Lo’oh 返鄉後在鄉公所工作，偶爾現身教堂，有一天神父邀他留下來幫忙。「當時部落只剩下我和（葉）珍秀比較年輕，」Lo’oh 說：「我想了想就答應啦。」

一個傳道師的養成需要兩年，裴德神父希望花蓮教區依慣例負責訓練，無奈人少課開不成，裴德神父乾脆一肩扛下大任，把 Lo’oh 帶在身邊一對一指點。Lo’oh 於是成為裴德神父唯一一個也是最後一個「關門弟子」。

神父很龜毛，第一天上課，光是練習畫十字聖號就畫了一個早上。

一開始兩人溝通不很順暢。裴德神父講起 AMIS 語跟法語一樣流利，

Lo’oh身為AMIS卻像個「失語者」。裴德神父不得不遷就現實，暫時忍著講起彆腳的「國語」，他一定沒料到訓練一個AMIS傳道師竟然得先教AMIS語，而不是一開始就把力氣花在教義教理。時間急迫，裴德神父只好畢其功於一役，拿出他自己編寫的「教材」，也就是平常教友望彌撒時捧在手上的那幾本書，要求Lo’oh不斷唸誦，唸完，再唸，他自己則緊迫盯人，陪在一旁督導，有時在Lo’oh背後，閉著眼踱來踱去，一邊「監聽」讀得正不正確。

「天書啊，一開始根本不知道自己在唸什麼，」Lo’oh說：「只知道神父唸一句，我唸一句。」直到Lo’oh的語感有起色，漸漸恢復了，裴德神父才開始講道理。

透過持續而嚴格的學習，反覆再反覆，Lo’oh認得並學會如何拼寫

AMIS語文，他讀得愈來愈好，甚至可以用AMIS語跟裴德神父交談了。接著神父開始交代另一種「功課」，他要Lo'oh坐在打字機前打字，由於打字機「很有趣很好玩」，Lo'oh不以為苦，反而樂於看見白紙一行一行填滿字母。

受到「貼身家教」督促的兩年裡，Lo'oh跟從前臺灣民間拜師的學徒沒有兩樣，裴德神父講什麼，他就做什麼，練習唱歌、熟悉曲譜，還經手裴德神父晚年許多手稿，包括打算改版的教理讀本聖歌本，還有持續蒐集的AMIS故事。「裴德神父打算再出書。」Lo'oh說，不過這些計畫都沒能實行。

在口述傳統式微的時代，裴德神父的民族學著作發揮了可供查考的文獻功能——儘管從口頭轉化為書面的過程可能有未達完備或不求甚解之處[53]——例如今東海岸AMIS（尤其是Makota部落）難以忘卻的「O lalood i Cepo'（大港口事件）」，就算當代學者梳理文獻試圖「還原」因果，其研究成果也不等於「實情」，與世代相傳的民族記憶隔有一段距離，連百餘年來流傳在外的事件名稱也一向是中式的、官方的。

幸好，裴德神父聽見並記下 Makota 耆老所知的事件經過和「壞人」（tatiihay / mauvais）Kafook 的「歷險記（O dmak ni Kafook ! / Les aventures de Kafook !）」。在關於臺灣原住民族重大歷史事件的文獻中，這一部由 Lkal Makor、Tagay、裴德聯手建立的「書面」史料，可貴之處在於源自「口頭」，具備 AMIS 史觀。

藉由裴德神父的筆，至少有兩位年高閱歷多的長者（Lkal Makor、Tagay），留下 O lalood i Cepo' 的 AMIS 觀點，光是這一點就值得慶幸了。

44 即 Lucien Bernot（一九一九至一九九三）與 Denise Bernot（一九二二至二〇一六）。Lucien Bernot 為法國民族學家，法蘭西公學院（Collège de France）院士，曾任法國國家科學研究中心研究員，一九六四年至一九七八年間任教於 EPHE 第六系。其妻 Denise Bernot 為知名的語言學家，精通緬甸語。

45 高等研究應用學院第六系（VIᵉ section），創於一九四七年，由於新興學科快速發展，一九七五年獨立為「社會科學高等研究院」（École des Hautes Études en Sciences Socials，EHESS）。EHESS 是法國乃至歐洲人文社會科學研究的重鎮，聲名遠播。

46 即 Georges Louis Condominas（一九一九至一九九三），法國文化人類學家，以研究越南墨儂族（Mnong）聞名。

47 CNRS，法國最大的政府研究機構，也是歐洲最大的基礎科學機構，設於一九三九年，總部位於巴黎，實驗室所散布法國各地，於世界主要都市設有代表處或代表。

48 To'as，漢名黃天來，一九八八年刊行《臺灣阿美語的語法》，現任臺灣阿美族語言永續發展學會理事。

49 Lifok，漢名黃貴潮，一九八九年由中央研究院民族學研究所刊行 *Nitilidan a toloay lisin no Sa'aniwan a niyara'*（宜灣阿美族三個儀式活動的紀錄）。

50 鄭香妹，族名 Mijang，該論文題為 *Changes of household structure among the Amis in Taiwan*。

51 例如莫德明神父，在 *Les Principaux Mythes de l'Ethnie Amis* 1，裴德神父提及向莫神父借閱手稿與譯文。

52 例如一九三〇年代小川尚義和淺井惠倫所收集的原住民族故事英文選譯本，*Selected readings translated from Traditions and myths of the Taiwan aborigines*, 1960。

53 呂德偉神父受訪時透露，杜愛民神父與裴德神父兩人是好朋友，不過對於 AMIS 語拼音，兩人意見有些不一致。另外，呂神父認為裴德神父的噶瑪蘭語拼音值得討論，例如「Kkef.fa1an（噶瑪蘭）」這個字第一音節的重覆子音標記「kk」，類似的還有「rr」。

「我參與一切」

秀姑巒溪口。（攝影／邱上林）

花兒哪裡去了？

二〇〇五年六月，裴德神父休假返回法國，再次見到家人令他十分欣喜，與舊友在吉什的廣場歡聚，同憶往日，一樣開心。由於心繫豐濱，八月底裴德神父又一次離家，沒有人料得到這是他最後一次往返故鄉。一回到花蓮，裴德神父立刻恢復天主僕人的身分，繼續工作，比起超過三十年的奉獻，三個月的假期實在短得令人吃驚。

裴德神父想也想不到太平洋濱也有一幅令人吃驚的景象等著他。

轉機再轉車，終於再度騎著摩托車馳騁於熟悉的海岸公路，太平洋以無際蔚藍伴隨在側，另一邊蒼翠山嶺在仲夏陽光照映下，稜線起伏，沿路彷彿揮手招迎。當他右轉離開公路彎進巷道看見圍牆，忽然發覺跟三個月前比起來，那一面圍牆好像少了什麼。大門位置如舊，但拱門呢？一走進圍牆，裴德神父不禁驚呆。

草地呢，花園哪裡去了？

綠油油的草地「脫胎換骨」，變成一片灰撲撲的水泥地。

Lo'oh 立刻被叫來。

他們說一定要打水泥……

誰？

會長和幾個教友……

為什麼？

因為有落葉，掃地很麻煩……

不但草坪，咖啡樹、橘子樹，所有花木，都沒了。

那是我在這裡最後的一點大自然哪……

Lo'oh 覆述裴德神父的哀嘆，令人身歷其境，悲號如在耳側。

「他氣死了，氣很久。」Lo'oh 說：「神父討厭水泥。他在法國的家沒有水泥，木頭，石頭，全部天然建材，連路都是石頭路。」

Lo'oh看過裴德神父老家照片，神父一張一張「秀」給他看：「美吧？」一臉得意，一臉笑意，藏都藏不住。

花園草地消失十幾年，早已沒人追究，可能也沒有人再想起掃落葉的日子。

拱門呢？

「Lam-á-khóng（預拌混凝土車）進不來，拆了，靠在倉庫裡，現在應該還在。」Lo'oh說。

呼喚

二〇〇五年第十九號颱風龍王，編號〇五一九，九月二十六日遠在豐濱東方兩千多公里外的關島附近海面生成，第三天長成強烈颱風，第四天接近臺灣，一個火爆急躁的熱帶風暴。

十月一日清晨五點三十分，中央氣象局發布陸上警報，此時暴風圈尚未撞及陸地，持續朝西加速前進，預測將於花蓮登陸。事後證明在合適的氣候條件下，龍王一點也不扭捏地朝豐濱逼進。

那一天下午，裴德神父從羅東搭火車回花蓮，走出車站，跨上摩托車，沿著花蓮市最古老大街之一中山路，朝向東行，直到盡頭轉南，二十分鐘後上大橋，過花蓮溪，迴過一個髮夾彎，切穿海岸山脈，從西麓繞至東側，碰到海，一直騎，一個小時，豐濱。

熟到不能再熟的路線，如同往常，一邊看海，一邊追風，痛快啊。三十年前石子路，顛顛簸簸，現在平坦寬順，裴德神父覺得各有妙好，不過「最後一趟」這件事他沒料到。想都沒想過。

天空不寧靜，雲團快速飄移。兩、三天來的氣象警告又一次成真，不安在心頭騷動。

衛星雲圖從神的高度向世人展示海洋、陸地與雲團，藍白綠三色鮮豔異常，不得不說賞心悅目。龍王的結構巨大、完整、紮實，中心嵌著明顯的颱風

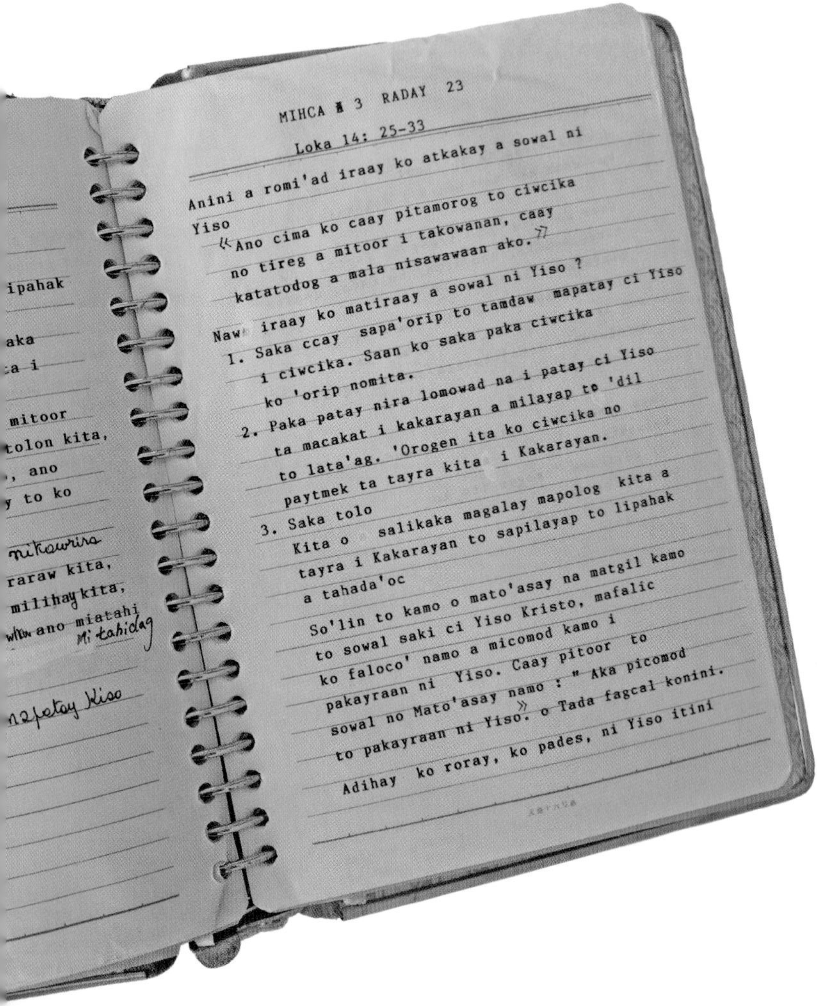
MIHCA 3 RADAY 23
Loka 14: 25-33
Anini a romi'ad iraay ko atkakay a sowal ni
Yiso
«Ano cima ko caay pitamorog to ciwcika
no tireg a mitoor i takowanan, caay
katatodog a mala nisawawaan ako.»
Nawa iraay ko matiraay a sowal ni Yiso ?
1. Saka ccay sapa'orip to tamdaw mapatay ci Yiso
i ciwcika. Saan ko saka paka ciwcika
ko 'orip nomita.
2. Paka patay nira lomowad na i patay ci Yiso
ta macakat i kakarayan a milayap to 'dil
to lata'ag. 'Orogen ita ko ciwcika no
paytmek ta tayra kita i Kakarayan.
3. Saka tolo
Kita o salikaka magalay mapolog kita a
tayra i Kakarayan to sapilayap to lipahak
a tahada'oc
So'lin to kamo o mato'asay na matgil kamo
to sowal saki ci Yiso Kristo, mafalic
ko faloco' namo a micomod kamo i
pakayraan ni Yiso. Caay pitoor to
sowal no Mato'asay namo : « Aka picomod
to pakayraan ni Yiso. » o Tada fagcal konini.
Adihay ko roray, ko pades, ni Yiso itini

裴德神父親自打字、修訂、校對書稿，直到晚年仍持續進行。（Lo'oh 提供）

眼，不久前左旋的雲團上方還拖著長尾巴，從電視螢幕看來已將周圍的雲氣收束完畢，像一只在寶藍海上飛旋的白玉盤。

一抬頭滿天烏陰，跟艷麗的衛星雲圖完全兩件事。天上人間，風景不一樣。

海岸山脈緊鄰豐濱村——此地山河海交逼，與故鄉的景致也兩樣，卻是人

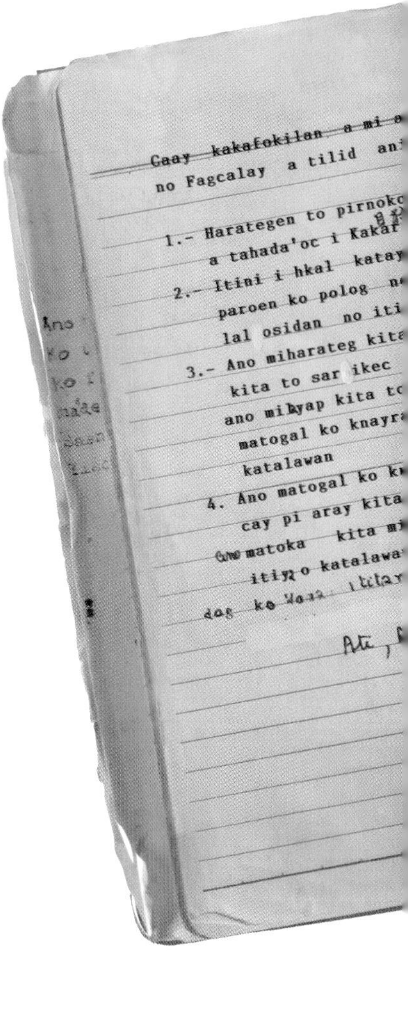

生停駐最久之地——貓公溪挨著山麓，從南方蜿蜒北來，出海前朝東繞出一個大曲流，曲流東南方家戶聚集，是整個豐濱鄉最熱鬧的地方。

部落光景與初到時也兩樣，「這就是三十年。」

山色平時青綠，現在黯沉。裴德神父不怎麼驚訝，好歹看了三十幾年，只是不習慣。山嶺另一側的東豐也感到暴風雨即將降臨的威力嗎？

Que le temps passe vite！（時光飛逝）

如果裴德神父聽見自己這麼說，說不定會嚇一跳。常年住在西太平洋邊緣的濱海之地，裴德神父沒有太多機會說法語，尤其同一時期或更早來到花蓮的前輩歸返主懷之後。比起法語，比起巴斯克、庇里牛斯山、大西洋，AMIS更像母語，Fakog、Ci Lagasan和太平洋更像故鄉和故鄉的山與海。

據信裴德神父當夜辭世。

十月二日清晨，颱風中心觸及豐濱附近陸地，不停留不盤旋，繼續往西飛掠。兩、三個小時，正是颱風掃過中央山脈之際，Nakaw 夫婦、Lo'oh 和會長等人趁著風雨放緩的空檔，急匆匆前去探看。

神父——神父——

他們在新亮潮濕的水泥廣場對著神父寓所叫喚。

門窗緊閉，整間屋子像一座無懈可擊的堡壘，一個找不到縫隙的巨大盒子。幾個人連連呼叫，毫無應答。有人猜裴德神父出門探望教友，但摩托車好端端停在一旁。他們決定先清理環境。大量斷枝落葉被吹進廣場，有點反常，Lo'oh說颱風過後教堂廣場不曾如此凌亂。

大約十點，打掃結束，龍王也從濁水溪口附近出海了。

眾人再次呼喊，仍然沒有回應。不安爬上每一張臉，有人焦急無語，有人欲言又止，又或吐出不成句的幾個字。

近來裴德神父身體虛弱精神欠佳，Nakaw低聲喃喃：「說不定還在休息。」也許神父只是睡得又沉又熟，一時聽不見，何況休息確實是必要的，幾十年來他們沒有見過比神父更忙的人。他們打算先觀望，隔天再來。

神父——神父——

十月三日，比前一天更早——裴德神父習慣五、六點起床——教堂廣場再一次響起教友的叫喊。

睡了一天，不可能還睡。

一早騎車出門？去花蓮市，看同事去了？可是摩托車還在，狀態跟前一天一模一樣，動也沒動過，海岸公路也斷了，哪裡也去不了。

大家心焦如焚，不祥的預感比剛剛過境的暴風雨更令人不安。

破門，只剩這條路。喇叭鎖立刻被解決，門還是不開。有人找來一支大「巴魯」（バール，釘拔）。撬開上方，下方竟然另有機關。再撬。原來門扉頂底都上了栓，加上喇叭鎖，一共三道防線。

不需要燒腦推敲，神父一定在屋裡。

幾個人內外呼叫，搜來找去。Lo'oh 奔上二樓，臥室沒有，書房也沒有。

這裡——

Lo'oh 一聲吼，找人的都衝上樓。

裴德神父仰身躺在浴室地板，後腦撞上一旁凸起的平台邊緣，頭部明顯創傷，大量失血。

到底怎麼了？一起不罕見的浴室意外？還是病中體虛暈眩倒地不慎撞擊。沒有人知道，僅能推測意外發生在龍王登陸前一天深夜。果真如此，則裴德神父匆忙返回豐濱還不滿十二個小時，更精確地推估，遇難時間介於 Lo'oh 和會長回家後、颱風登陸的清晨五點之間。

那時，暴雨已至。

裴德神父仰躺在浴室。濃稠的血在涼冷的地板蔓延成泊。意外降臨，神父並未立刻喪失知覺，又或昏迷後一度恢復意識，憑著耗弱的意志必曾試著求援。但那不是一個普通的夜，十七級超強陣風刷新花蓮測站近四十年紀錄，摧毀電力設施，停電令駭人的颱風夜更黑黯。風雨在屋外肆虐，殘弱的呼救來不及逸出，就被狂飆的呼嘯徹底吞噬，一旁的街巷沒有人走動，Fakog 的大家一如往常遇到颱風都好好待在家裡。

沒有人聽見神父寓所的意外。

意志熄滅前，裴德神父承認最後的試煉，寬心接受。他收攏雙腳，高大的身材——或者對他來講用了幾十年的浴室其實太小——令他不得不把小腿托放於門檻，以至於腳踝以下超出浴室。他又安放雙手於胸前，就在這一瞬間，五十年來的朋友——LAUTU、AMIS——還有已完成、未完成的工作，靈光似地閃過逐漸朦朧的腦海。

我已盡力。

裴德神父或許如此低語，若然，則是他對五十年來人事物最後的回應——儘管沒有人聽見。就算受困於暗夜風雨，裴德神父也不會祈求明天，他已盡心盡力服侍天主，陪伴並幫助教友乃至他認識的每一個人。假設——只是假設——

靜浦部落。(攝影 / 邱上林)

還有明天，他一定也像堅守安德啟智中心的顧超前神父，或卓溪的賈士林神父，繼續工作，繼續和AMIS一起生活。

失血令裴德神父的臉孔過度蒼白，體溫向「他」以外的環境逸出，與四周的氣溫一致，不更冷也不更暖。

仰身躺在浴室裡的裴德神父，看起來跟熟睡差不多，笑了一個淺到幾乎看不出的笑容。若有似無的笑容和端正的姿勢，讓他在狂躁喧囂又絕無人跡的最後一夜——根據Lo'oh的記憶——看起來很安詳。

MALO'

透過巴黎外方傳教會，裴德神父的家人得知他歸返主懷，兼程趕到豐濱。

等候家人期間，裴德神父暫息於冰冷的棺櫃。

十月七日，送行。

裴德神父長眠於 Tigalaw——此地是第一個助手 Agaw 的故鄉——與摯愛的教友於主懷永恆為伴。

教友、故舊前來送別，有的熟識，有的見過幾次，有的僅僅聽過裴德之名，人潮從 Fakog 公路邊綿延擠進 Tigalaw。

「一開始訂八百多個便當，後來追加三百個。」回想起來，Lo’oh 也覺得不可思議，那一定是 Tigalaw 有史以來最熱鬧的一天。

消息傳到哈納寧，勞圖朋友齊聚追思他們的 Père Bareigts。

Père Bareigts 建立的教堂矗立於寧靜山村，尖頂上的十字架在蒼巒襯托下顯得愈加高聳。人們以勞圖語詠唱 Père Bareigts 編寫的聖歌，歌聲溢出教堂，在四十年前裴德神父曾經穿梭往返的村莊巷路飄盪。祭壇前方布滿鮮花，綴以翠葉，其上紙卡片片，以 Père Bareigts 傳授的勞圖語寫上祈願，或以英文：WE LOVE Rv. Fr. BAREIGTS / IN LOVING MEMORY OF Rv. Fr. BAREIGTS……。送行隊伍綿長，為首者捧著遺照，走進村旁的墓園。

André Bareigts

Fokog，豐濱部落。（攝影／邱上林）

歲月悠遠，欽山深遠，在那裡裴德神父有一座以Père Bareigts為名的墓碑。

Malo'，裴德神父的AMIS名字，意指「坐下」。

我就坐在這裡，不走了。

裴德神父的辦公室整齊清潔，無論書本還是雜物，各安其位，哪些東西可以動，哪些不可以，一一明確指示。

不然，我會找不到。

無論找不找得到，那些與裴德神父相關的物品在他身後全部原地「malo’」，包括他自己。

關於AMIS，裴德神父一向知無不言言無不盡。

有一次，他對來訪者侃侃而談，解釋傳統領袖在部落扮演的角色，提到某些基督教化的AMIS傳統，尤其是部落間彼此正式而嚴肅的探訪，還有七、八月間熱烈慶祝的Ilisin……。最後，他說：

Je participe à tout cela.（我參與了這一切。）

裴德神父生平記略

一九三〇	十二月十五日，出生於法國西南小鎮吉什。 十二月十八日，受洗。	
一九三六	上小學。	
一九三九		九月，歐戰爆發。
一九四〇		六月，法國投降。
一九四二	上中學。	
一九四五		八月，二次世界大戰結束。 十月，日本正式結束統治臺灣。
一九四六		四月，「臺灣省國語推行委員會」成立。
一九四九	六月，中學畢業。 十月，進入巴黎外方傳教會神學院。	十二月，中華民國遷都臺北。

一九五〇	十二月二十三日，行剪髮禮。	
一九五一	四月二十二日，獲准暫時性加入巴黎外方傳教會。 四月底，入伍。	
一九五二	十月，退伍。	教廷劃設花蓮監牧區，包括花蓮臺東兩縣。
一九五三		巴黎外方傳教會第一批傳教士抵達花蓮，包括費聲遠主教、包萬才神父（北濱街）、彭光遠神父（加里灣）、隆道行神父（玉里）。
一九五四	五月二十九日，正式成為巴黎外方傳教會一員。	巴黎外方傳教會設立臺灣區會，首任會長包萬才神父。
一九五五	五月二十九日，晉鐸為神父。 六月中，抵達緬甸，等待簽證。	
一九五七	十二月，抵達曼德勒。	
一九五九	十月底，定居哈納寧，與Lautu（勞圖）人一起生活。	

一九六〇	八月，哈納寧教堂落成。	
一九六二		三月，尼溫將軍發動政變，取得緬甸政權。
一九六三		花蓮監牧區升格為花蓮教區。
一九六四	十月，首度被要求離境。	
一九六六	四月，遭緬甸驅逐出境。 十月，進入高等研究應用學院（EPHE）攻讀民族學。	
一九六九	六月，以論文 *LES LAUTU, Contribution à l'étude de l'organisation sociale d'une ethnie chin de Haute-Birmanie* 取得學位（Élevé Diplôme）。 十月，抵達臺灣，學習華語。	
一九七〇	八月十四日，奉派至抵達花蓮玉里東豐。	
一九七二	一月五日，轉往豐濱，與 AMIS 展開超過三十年的情誼。	

一九七六	出版 *Les Principaux Mythes de l'Ethnie Amis* 1 / *O No Amis A Tamdaw A Kimad* 2。	
一九八六	出版 *Kkef.falan*。	
一九八七	出版 *Notes on Kkef.falan*。	七月十五日，臺灣解除全世界歷時最久的戒嚴。
一九九〇	出版 *Les Principaux Mythes de l'Ethnie Amis* 3 / *O No Amis A Tamdaw A Kimad* 4。	
一九九三	出版 *Les Amis dans l'Histoire - Mythes Amis* 5 / *O No Amis A Tamdaw A Kimad* 6。	
二〇〇五	六至八月，休假返回法國。 十月一日，歸返主懷。 十月七日，長眠 Tigalaw。	九月底，颱風龍王生成，十月一日以強烈等級登陸豐濱。

裴德神父著作

HNARING · 緬甸時期

* 一九六二 *Prayers in Lautu Thlaachuonapa Caa aw*
* 一九六二 *Prayers in Zotung Saw Sang Naw*
* 一九六二 *Zotung law cca uk Hymn book*
* 一九六四 *Hymns in lautu Khazing blaa*
* 一九六五 *Prayer book in Mara language*

（以上皆「聖詩集」或「祈禱書」，小冊，八至二十四頁不等）

豐濱・花蓮時期

＊一九七六 *Les Principaux Mythes de l'Ethnie Amis 1*

＊一九七六 *O No Amis A Tamdaw A Kimad 2*

＊一九八六 *Kkef.falan*（噶瑪蘭語）

＊一九八七 *Notes on Kkef.falan*

＊一九九〇 *Les Principaux Mythes de l'Ethnie Amis 3*

＊一九九〇 *O No Amis A Tamdaw A Kimad 4*

＊一九九三 *Les Amis dans l'histoire – Mythes Amis 5*

＊一九九三 *O No Amis A Tamdaw A Kimad 6*

關於緬甸 Lautu 族

＊ *Les dictionnaires Lautu-français et Français-lautu*（勞圖語—法語雙語字典，手寫稿）

* 一九八〇　*La maison Lautu et les fêtes de mérite*（出版地：花蓮・豐濱）

* 一九八一　*LES LAUTU, Contribution à l'étude de l'organisation sociale d'une ethnie de Haute Birmanie*（論文改作，出版地：法國・巴黎）

（後二者收錄裴德神父蒐集之勞圖族泛靈論者祈禱文及其法文譯本）

關於故鄉 Guiche

* 一九六二　*L'Abbé Charbonneau, Prêtre Gascon*
* 一九六五　*L'Abbé Péhau*
* 一九六九　*Guiche, village du Labourd*
* 一九八七　*Le Père Jean François Darrigo*
* 一九八七　*Les Coutumes Funéraires en Gascogne*
* 一九九七　*Le Sanglier Aveugle, Histoire Gasconne*
* 二〇〇四　*Les Quilles de Trois du Bas Adour*

引用與參考資料

訪談

* Nakaw（葉秋香）、Falahan（葉珍秀），花蓮縣豐濱鄉，二〇二一／九／十八。
* 呂德偉神父（Rev. Claude Louis TISSERAND），花蓮縣光復鄉大馬天主堂，二〇二一／九／二十二。
* 劉一峰神父（Rev. Yves MOAL），花蓮縣玉里鎮玉里天主堂，二〇二一／九／二十二。
* Lo'oh（吳明和），花蓮縣豐濱鄉，二〇二一／九／二十五、十二／八。

專書、期刊、網際網路

* André Bareigts，*LES LAUTU, Contribution à l'étude de l'organisation sociale d'une ethnie de Haute Birmanie*, Centre National de la Recherche Scientifique，一九八一。
* André Bareigts，*Les Principaux Mythes de l'Ethnie Amis* 1。自刊，一九七六。
* André Bareigts，*O No Amis A Tamdaw A Kimad* 2。自刊，一九七六。
* André Bareigts，*Les Principaux Mythes de l'Ethnie Amis* 3。自刊，一九九〇。
* André Bareigts，*Les Amis dans l'histoire – Mythes Amis* 5。自刊，一九九三。
* André Bareigts，*O No Amis A Tamdaw A Kimad* 6。自刊，一九九三。
* André Bareigts，*Notes on Kkef.falan*。自刊，一九八七。
* 財團法人天主教會花蓮教區，《巴黎外方傳教會在台六十周年紀念》。花蓮，財團法人天主教會花蓮教區，二〇一三。
* 廖紫均、劉一峰，《台灣東海岸的法國牧者》。臺中，國立自然科學博物館，二〇二〇。

* 林保寶，《奉獻》。臺北，天下雜誌，二〇〇二。
* 費聲遠著、董增順譯，《回憶錄》。花蓮，華光書局，一九八〇。
* 李維史陀著、王志明譯，《憂鬱的熱帶》。臺北，聯經，一九八九。
* Claude Lévi-Strauss，*Race et histoire*，一九五二。
* 廖志翔，〈民國九十四年颱風調查報告——第十九號龍王（LONGWANG）颱風（〇五一九）〉，《氣象學報》，卷四六期二。臺北，交通部中央氣象局，二〇〇六。
* L'Institut de recherche France-Asie（法亞研究學會，IRFA），André BAREIGTS (1930-2005)，https://www.irfa.paris/fr/notices/notices-necrologiques/bareigts。檢索日：二〇二一／四／二十。

神父住海邊

裴德與AMIS的故事

作　者／王威智
社　長／林宜澐
總 編 輯／廖志墭
編　輯／王威智
封面設計／黃祺芸

出　版／蔚藍文化出版股份有限公司
地址：110408臺北市信義區基隆路一段一七六號五樓之一
電話：02-22431897
臉書：https://www.facebook.com/AZUREPUBLISH/
讀者服務信箱：azurebks@gmail.com

總 經 銷／大和書報圖書股份有限公司
地址：248020新北市新莊區五工五路二號
電話：02-89902588

法律顧問／眾律國際法律事務所　著作權律師／范國華律師
電話：02-27595585
網站：www.zoomlaw.net

印　刷／世和印製企業有限公司
定　價／新臺幣四五〇元
初版一刷／二〇二二年十月

ISBN：978-986-5504-90-8（平裝）

花蓮縣文化局補助出版

國家圖書館出版品預行編目（CIP）資料

神父住海邊：裴德與AMIS的故事/王威智著. -- 初版.
-- 臺北市：蔚藍文化出版股份有限公司, 2022.10
面；　公分
ISBN 978-986-5504-90-8(平裝)

1.CST: 裴德 (Bareigts, André, 1930-2005) 2.CST: 天主教傳記

249.942　　111014869